EDUCANDO FILHOS PARA UM FUTURO SEM EMPREGOS

TANIA ZAGURY

EDUCANDO FILHOS PARA UM FUTURO SEM EMPREGOS

1ª edição

Rio de Janeiro | 2025

CIP-BRASIL. CATALOGAÇÃO NA PUBLICAÇÃO
SINDICATO NACIONAL DOS EDITORES DE LIVROS, RJ

Z23e
    Zagury, Tania
        Educando filhos para um futuro sem empregos / Tania Zagury. - 1. ed. - Rio de Janeiro : BestSeller, 2025.

        ISBN 978-65-5712-465-9

        1. Pais e filhos. 2. Educação de crianças. 3. Crianças - Formação. I. Título.

25-95866
                CDD: 649.1
                CDU: 649.1

Meri Gleice Rodrigues de Souza - Bibliotecária - CRB-7/6439

Texto revisado segundo o novo Acordo Ortográfico da Língua Portuguesa.

Copyright © 2025 by Tania Zagury.
Copyright da edição © 2025 by Editora Best Seller Ltda.

Imagens de capa:
Retrô empresários na fila do desemprego escritório, por diane555/iStock.

Todos os direitos reservados. Proibida a reprodução,
no todo ou em parte, sem autorização prévia por escrito da editora,
sejam quais forem os meios empregados.

Direitos exclusivos de publicação em língua portuguesa para o mundo
adquiridos pela
Editora Best Seller Ltda.
Rua Argentina, 171, parte, São Cristóvão
Rio de Janeiro, RJ — 20921-380
que se reserva a propriedade literária desta obra.

Impresso no Brasil

ISBN 978-65-5712-465-9

Seja um leitor preferencial Record.
Cadastre-se e receba informações sobre nossos lançamentos e nossas promoções.

Atendimento e venda direta ao leitor:
sac@record.com.br

A todos os pais,
e seu amor desmedido.

Sumário

I. Introdução — 9
II. O início de tudo — 11
III. Como eram família e escola — 12
IV. O castigo físico — 25
V. A retirada do afeto — 30
VI. Surgem as mudanças — 32
VII. A geração childfree — 38
VIII. A reciprocidade necessária — 41
IX. Criando filhos hoje — 47
X. O diálogo como método — 52
XI. Algumas consequências — 55
XII. Reciprocidade, necessidade absoluta — 61
XIII. Como agir com os que não mudam — 67
XIV. Liderança e filhos — 106
XV. Que líder sou eu? — 109
XVI. O que esperar das novas gerações — 128
XVII. O mercado de trabalho futuro — 132
XVII. Preparando o futuro já — 140
XIX. O futuro que podemos ter — 149

1. Introdução

Quando penso retroativamente e foco as décadas de 1960-1970, me questiono se as mudanças ocorridas na família e, posteriormente na escola, trouxeram resultados, de fato, positivos. E quando digo *resultados*, importante ressaltar, estou me referindo a *ganhos para a sociedade, para os jovens e para a família*. Estou pensando em crescimento e melhorias *palpáveis, visíveis e incontestáveis* para todos.

Em outras palavras: melhorias concretas para as pessoas, mas também para a sociedade.

Afinal, foi esse o propósito que levou a Geração Baby Boomer (pessoas nascidas aproximadamente entre 1945 e 1964) a lutar por uma nova e melhor dinâmica de relacionamento entre pais e filhos, assim como entre professores e alunos e, em consequência, para a sociedade como um todo.

A grande revolução que ocorreu no Brasil, e em vários outros países, começou na França, com Daniel Cohn-Bendit. De início, as mudanças e reivindicações que defendia não eram dirigidas particularmente à escola, mas à sociedade como um todo. Mais tarde é que a englobaram, num crescendo que abalou e transformou as relações interpessoais em praticamente todas as áreas.

Resta analisar se essas mudanças que se concretizaram trouxeram melhorias e crescimento reais e se fortaleceram as novas gerações para os desafios que surgem a cada dia, transformando a sociedade e criando novas necessidades, sempre. É o que pretendo fazer aqui, com você que me lê.

Rio de Janeiro, outubro de 2024.

II. O início de tudo

Esse sucesso incontestável se deu por várias razões, mas me parece que a principal delas foi o fato de que os ideais de Dany Le Rouge* correspondiam aos de enorme número de jovens na França e em outros países: era um ideal de liberdade e de não aceitação mecânica dos padrões de comportamento vigentes — até então incorporados de forma automática, quase irrefletida, pelas novas gerações.

Para entender o que aqui apresento, faz-se necessário relembrar como era a relação entre pais e filhos até aproximadamente o final da década de 1960 — porque quem não viveu ou leu a respeito, especialmente quem tem menos de 40 anos —, dificilmente acreditará em como era duro e rígido o processo vigente, que consequentemente levou ao desejo de mudança na família e depois repercutiu na escola.

---

* Cohn-Bendit era também assim conhecido, tanto por seus cabelos ruivos, como por suas ideias de esquerda.

III. Como eram família e escola

Até os anos 1960, a família se estruturava tendo por base uma hierarquia clara, firmemente alicerçada na figura do pai, autoridade máxima e provedor financeiro — responsável, portanto, pelo sustento, alimentação e proteção dos demais membros (mãe e filhos).

Ser o provedor único — ou, ao menos, o principal — dava ao pai as prerrogativas do poder decisório e da autoridade. Era, portanto, ele que decidia (em geral sozinho) e definia como se viveria naquela constelação familiar.

Além de definir o *modus vivendi*, ninguém, a não ser em raríssimas situações, questionava suas decisões. O que o pai dizia era *lei*.

Na escola, a situação era semelhante: *a palavra dos docentes era lei*. Quem conhece a rotina das escolas da atualidade dificilmente acreditará que o panorama, em apenas 50 anos, mais ou menos, era totalmente diferente. Processou-se, em verdade, uma mudança de 180 graus tanto na família como na escola, o que, posteriormente, como não poderia deixar de ser, repercutiu na sociedade.

Para compreender melhor: diretor e professores detinham o saber, — e sendo a escola o local cujo objetivo maior era a transmissão de conhecimentos, tinha poder quem dominava o saber. E ponto final.

Ninguém se preocupava se o aluno estava feliz, satisfeito ou alegre com o que se fazia e ensinava nos colégios. Era o tempo em que escola era *local de aprendizagem*. E era também o tempo em que, se os conteúdos a serem ministrados eram significativos e importantes para o futuro das novas gerações, o fato de as crianças estarem ou não interessadas em aprender o que estava definido nos programas vigentes era aspecto que nem entrava nas considerações dos adultos.

Vigia o pensamento — tanto na família como na escola — de que *"criança não sabe o que quer"* e *"criança não tem que querer"*; portanto, via-se como totalmente natural que os adultos definissem o que seria ensinado — e de que forma.

À criança cabia somente obedecer, estudar e aprender, porque acreditava-se que os adultos sabiam o que importava para garantir minimamente as chances de sobrevivência às novas gerações.

E, cá entre nós, não é verdade?

Sabemos que por vários motivos e pelas próprias características naturais do desenvolvimento — a maioria das crianças e adolescentes — se lhes for permitido decidir —, optará, com poucas exceções, por não ir à escola, por não fazer as tarefas escolares, por não dormir na hora adequada, por não existir programa com classificação de idade, nem jogos eletrônicos que não possam acessar, independentemente do conteúdo ser ou não adequado... E, se deixarmos que decidam, provavelmente nem banho tomarão todos os dias, nem escovarão os dentes após as refeições!

Sim, crianças e jovens são hedonistas e egocentrados. Em outras palavras, são imaturos — na infância e em boa parte da adolescência —, e assim sendo, optarão pelo que lhes dê *prazer imediato*, e não pelo que seria produtivo e útil no futuro. Afinal, é tão mais divertido não fazer essas coisas que consideram *"chatas"*... Por esta razão, o poder decisório concedido às novas gerações era, até os anos 1960, praticamente inexistente... Rebeldes e recalcitrantes eram firmemente desencorajados — com castigos e punições severas.

As escolas tinham como objetivo principal ensinar os conteúdos fixados pelo Ministério da Educação — conteúdos esses que eram definidos e absolutamente iguais para todo o país. Aprender a tabuada todinha de cor; saber conjugar verbos em todos os seus modos e tempos; escrever corretamente de acordo com as regras gramaticais eram elementos sempre presentes nos programas de ensino, e nem se cogitava questionar sua relevância, entendida como essenciais. Ninguém ficava *"com pena"* dos alunos por terem que decorar algum conteúdo, aprender a escrever segundo as normas cultas da língua etc. — mesmo que ficassem chateados ou de cara feia...

Escolas das redes pública e particular recebiam, a cada início de ano letivo, os programas, os quais eram repassados aos docentes para operacionalização nas aulas. Havia provas únicas que chegavam a todas as escolas do país para avaliar os objetivos trabalhados, também elaboradas e enviadas pelo MEC, para aplicação nas turmas — iguais sem tirar nem pôr — em todos os estados brasileiros. Garantia-se assim homogeneidade mínima na avaliação dos resultados do ensino, fosse o aluno morador do Rio Grande do Norte ou do Rio Grande do Sul. Ao mesmo tempo, com essa postura, passava-se subliminarmente a ideia de que todos os brasileirinhos tinham capacidade de aprender. Em todo o Brasil. Também se creditava aos docentes capacidade de fazer com que os alunos atingissem os objetivos definidos.

Essa preocupação também garantia a continuidade dos estudos aos jovens que necessitassem se transferir de um estado para outro, como ocorre, por exemplo, com filhos de militares, ou em circunstâncias de crises que levam à necessidade de as famílias migrarem de um ponto a outro do país, em busca de melhores condições de trabalho.

A preocupação com homogeneidade não era a única coisa em que se pensava. Havia uma meta clara: fazer com que os alunos dominassem os conteúdos considerados essenciais, que os acompanhariam por toda a vida e lhes dariam um nível mínimo de cultura necessário.

A rede particular de ensino tinha flexibilidade em relação aos *métodos* que adotariam. Poderiam escolher, por exemplo, alfabetizar utilizando o método da palavração, enquanto a escola vizinha poderia optar por silabação. Quanto aos conteúdos, não: eram exatamente os mesmos em ambas as redes do país: pública e privada. As crianças com necessidades especiais tinham professores especializados e eram trabalhadas em classes separadas, com menos alunos, para terem maior assistência.

Cabia, portanto, à escola transmitir às novas gerações habilidades e conhecimentos como ler compreensivamente; escrever utilizando adequadamente a norma culta da língua; conjugar verbos nos seus tempos e modos de forma correta. Lembram-se dos Modos Indicativo, Subjuntivo e Imperativo? Pois é; todos nós os aprendíamos, assim como dominávamos as quatro operações básicas (adição, subtração, multiplicação, divisão), conhecíamos os principais fatos históricos e a geografia do país e de parte do mundo.

Pais e docentes tinham por base a ideia de que se a sala de aula estivesse cheia de alunos irrequietos, conversadores, engraçadinhos ou desinteressados, as condições para aprender estariam definitivamente comprometidas. Fazia-se, portanto, necessário criar o que chamamos, em Didática, de *Condições de Aprendizagem* — conjunto de atitudes dos alunos que permite que todos em sala de aula ouçam o professor, entendam o que está sendo apresentado e, dessa forma, aprendam.

Não há dúvida alguma de que uma sala de aula comporta momentos de leitura livre, de jogos pedagógicos, até de conversas e trocas — mas há necessidade de haver *muitos e muitos mais momentos que possibilitem a concentração, a atenção dirigida e, consequentemente, a aprendizagem*. Sem isso não há como esperar que os alunos — com raríssimas exceções — aprendam.

E o que se vê hoje em salas de aula? Desmando, indisciplina e, por parte dos docentes, desespero muitas vezes e a quase total impossibilidade de alcançar resultados positivos. Uma tristeza...

Concordavam, à época, pais e mestres que era necessário *criar* as condições, sem as quais a aprendizagem ficaria comprometida ou simplesmente não ocorreria. Totalmente correta essa preocupação: as *condições de aprendizagem* precisam estar presentes, do ponto de vista didático-pedagógico, se queremos que as crianças aprendam. Uma sala de aula barulhenta, com alunos que se levantam quando querem, jogam bolinhas de papel (ou outras coisas) uns nos outros, certamente impede a concentração e o aprender.

A escola preocupava-se também em desenvolver hábitos e atitudes sociais adequados, assim como aperfeiçoar e aprofundar habilidades individuais e sociais.

Em resumo, a escola — ainda que hoje discordemos da metodologia que utilizava — visava formar o indivíduo para a vida produtiva e saudável em sociedade, habilitando-o para o trabalho e a convivência social. E conseguia na maioria dos casos — diferença essencial em relação ao que as escolas estão alcançando hoje.

Quanto à família, cabia-lhe a formação primária das novas gerações. Entre os objetivos constavam obediência aos pais e demais autoridades; respeito aos mais velhos; formação de hábitos e atitudes de comportamento social adequados; além de outros mais simples como, por exemplo, supervisão às tarefas escolares (visando seu cumprimento).

Ao entrar para a escola, o que ocorria por volta dos 6 anos de idade, a criança geralmente já estava de posse, ao menos em parte, das habilidades sociais básicas, o que, sem dúvida, facilitava muitíssimo o trabalho docente.

Talvez o mais importante, vale destacar, fosse a *homogeneidade de propósitos entre família e escola*, embora cada instituição mantivesse suas especificidades, o que uma fazia complementava o trabalho da outra. Dessa forma, os objetivos educacionais eram alcançados na maioria dos casos. Variações quanto à maneira de educar, dentro desse modelo, tinham mais a ver com a personalidade de pais e mestres do que propriamente com *variedade de métodos*.

Na minha infância, não poucas vezes, tive que decorar listas enormes de coletivos, de femininos, de verbos regulares e irregulares em seus tempos e modos conjugados. Assim como listas de ilhas e baías do litoral brasileiro, além das de morros e serras. Para cada tipo de acidente geográfico tínhamos que fazer um mapa, de modo que não apenas soubéssemos de cor o nome, mas também a localização de cada um deles. E ninguém ficava com pena do aluno, *coitadinho*, nem achava que isso seria prejudicial ou desmotivador. Os professores apenas avisavam: *"Isso cai na prova"*. Ponto final. Pais, mães, tios e irmãos mais velhos (enfim, qualquer pessoa disponível) — se revezavam para *"tomar"* a lição dos mais jovens. Ah, cabia também aos estudantes decorar os nomes, os afluentes, tanto da margem esquerda quanto os da direita dos principais rios do país. O mesmo se repetia com relação às serras, rios e lagos...

Sim, tínhamos não apenas que saber o nome dos acidentes geográficos, como também e principalmente, localizá-los no mapa. E havia um para cada tipo de acidente geográfico — então não era brincadeira...

Sei que muitos dirão: *"Mas era pura decoreba!!!"* Sim, era mesmo.

E asseguro: esses conhecimentos estão fazendo falta às novas gerações... Fazem parte da cultura geral, atualmente abandonada.

Quais as capitais dos estados brasileiros? Tampouco sabem... Por outro lado, hoje, as pessoas que decoraram tais listas sabem onde fica o rio Nilo, a cordilheira dos Andes e o Círculo Polar Ártico. E ao menos sabem quem foi Cleópatra...

Faça uma pergunta dessas aos jovens de hoje. Verá que não têm nem ideia do que se trata! A internet está repleta de vídeos demostrando a ignorância geográfica das novas gerações. Assim como a ignorância histórica, a da conjugação de verbos e outras mais.

Talvez alguém (ou muitos!) diga: "Mas quem precisa disso?"

Respondo: Todos precisamos! Todos!!!

Talvez sirva, no mínimo, para programar uma viagem de férias coerente... Talvez sirva também para não nos fazer corar ao ler certas reportagens, escritas por jornalistas que se formaram quando já se havia retirado dos currículos os itens que os faziam escrever maravilhosamente bem — e de forma inteligível. Sim, eles não têm culpa.... E não quero culpabilizar ninguém, estou escrevendo para quem sabe, juntos repararmos os erros que levaram a tal situação esdrúxula! Isso, sim, vale muito a pena, e é, aliás, fundamental para o futuro...

A seguir, alguns exemplos colhidos da fala de jornalistas, de jovens entrevistados nas ruas, e em programas de tevê, todos despojados de um mínimo de cultura geral!

"Nosso rei de Wakanda faleceu hoje, que *"perca"!* " *(para evitar tal erro grosseiro é que serve decorar os tempos e modos verbais).*

"*Os* vídeos do Constantino *"está"* travando no final!" *(para não errar concordância, vale estudar os verbos!)*

Gente, os descontos *"tá on"!* *(aprender a usar corretamente o plural, evitaria o vexame da concordância inadequada...)*

Vamos *"a diante"* *(melhor ir adiante mesmo, depois de nos depararmos com tal erro!)*

Nas séries mais adiantadas do antigo ginásio (hoje Ensino Fundamental 2), por exemplo, aprendia-se a localizar nos mapas, cidades, capitais, rios e relevo dos países da *América do Sul e, em seguida, da Europa e demais Américas.* Isso porque, nas primeiras séries, já o tínhamos feito em relação ao nosso lindo Brasil... Então, podíamos seguir adiante, e desbravar o continente americano e o mundo!

Os erros que aqui apresentei ocorreram todos em Geografia, mas encontrei a mesma situação nas demais disciplinas.

Sim, tínhamos que aprender a tabuada de cor e salteado! E sim, tínhamos também que aprender a conjugar os verbos em todos os seus tempos e modos.

Hoje em dia, quem sabe o que é "modo verbal"?!?

Ninguém achava que nós, alunos, éramos *uns coitadinhos* que não podíamos ser "sobrecarregados" com nomes, datas, números...

Resultado: com o nível de exigências muito mais elevado e um ensino de qualidade, concluía-se o Ensino Fundamental com razoável condição de lutar pela vida, caso fosse preciso parar os estudos.

Hoje, pelo contrário, grande parte dos alunos, mesmo ao final do Ensino Médio, não compreende o que lê. E obviamente se leva tal deficiência (gravíssima) para o nível superior... É uma bola de neve que aumenta exponencialmente a cada ano...

Trabalhei na Faculdade de Educação da Universidade Federal do Rio de Janeiro até me aposentar. Lá pude comprovar — consternada — ano após ano, a constante e lastimável queda do nível de saber dos alunos que chegavam às turmas em que lecionei. E, veja, eram alunos dos cursos de Formação de Professores e de Pedagogia de uma das melhores faculdades de educação, a que ocupa o 2º lugar dentre as melhores do Brasil. Significa dizer que os alunos que me chegavam tinham obtido as mais altas notas nesse segmento do exame vestibular!

Erramos muito ao utilizar, por anos a fio, linhas pedagógicas que defendem a ideia de que *reprovar não ajuda nada os alunos, portanto incentiva-se "facilitar" a aprovação e pressiona-se os docentes a não reprovarem*.

E eu então pergunto: em que se ajuda o aluno ao aprová-lo sem que ele esteja de posse dos conhecimentos mínimos necessários para prosseguir nas séries que se seguem?

Em que os estamos ajudando, se, de modo geral, a série posterior contém matérias e conteúdos mais complexos que as anteriores? Como eles poderão aprender o mais complexo se não dominaram o menos complexo? Sim, gostando ou não, os professores tiveram que aprovar muitos alunos que sabiam não estarem aptos à série seguinte, porque a ideia que dominava então era que a *"reprovação em nada ajuda o aluno, ao contrário, desmotiva e frustra"*.

Parece interessante à primeira lida, não? Mas não é nada, nada interessante. O aluno que passa para uma série posterior sem dominar os conteúdos e conceitos necessários está sendo condenado a continuar sem entender e sem dominar os conceitos da próxima e da próxima etapa e de todas as demais.

E assim, irá capengando, capengando e capengando até conseguir terminar aquela fase do sistema de ensino. E então, consciente de sua incompetência, mas não culpado por ela, parar. Porque nem consegue, nem quer mais, entrar numa sala de aula — convencido de que é um fracasso intelectual...

Pressionados por esse tipo de premissa, os docentes acompanham, constrangidos, seus alunos chegando ao final do Ensino Fundamental, e depois ao fim do Ensino Médio. E hoje, as pessoas ficam surpresas ao verificar que alunos do ensino superior não compreendem um texto um pouquinho mais complexo... E se perguntam, abismadas: Como isso aconteceu???

Esse conceito, tomado de empréstimo à Psicologia — a *"reprovação em nada ajuda o aluno, ao contrário, desmotiva e frustra"*, — à revelia da maioria dos docentes —, passou a ser utilizado amiúde nas redes públicas para justificar a medida que foi adotada e que promovia o aluno da 1ª para a 2ª série do Ensino Fundamental automaticamente, independente do resultado de aprendizagem que apresentasse.

Podemos até concordar que o aluno *nada ganha* sendo reprovado. Tal afirmativa depende de vários enfoques. Mas: o que se considera "ganhar" em Educação? Por exemplo: passar para a 2ª série do Ensino Fundamental sem identificar com segurança os principais fonemas da língua é um ganho ou uma condenação?! A meu juízo, ele perde a oportunidade de superar uma grave dificuldade que apresentou durante aquele ano letivo, e que poderá ser superada se ele tiver tempo suficiente a mais no processo de alfabetização; mas que, pelo contrário, poderá crescer enormemente e até se tornar insuperável, caso seja promovido e considerado, portanto, em fase adiantada de alfabetização, apto para a 2ª série. O que não será verdade e tornará praticamente impossível para ele superar as dificuldades que trouxe da 1ª série, e ainda aprender os novos conteúdos da 2ª, já que não detém aprendizagens que, muitas vezes, são pré-requisitos que não dominou. O que poderá prejudicar toda a sua aprendizagem dali em diante.

É indiscutível que o aluno aprovado sem ter atingido os objetivos da série precisará se esforçar muito mais para incorporar os novos conceitos das séries posteriores. Em nome de um improvável "trauma psíquico" segue-se o cruel e real "trauma da não aprendizagem" (a denominação irônica é minha, apenas para facilitar a compreensão), que comprometeu e continuará comprometendo a vida de cada um desses alunos alçados às séries seguintes sem os conhecimentos necessários para a continuidade dos seus estudos. E assim, de repente, os docentes passaram a ter em suas salas de aula alunos com falhas sérias em muitos conceitos, cada um deles com diferentes níveis de aprendizado, o que só foi tornando mais complexa a situação de alunos e, consequentemente, o trabalho docente.

Foi o que os pobres alunos aprovados sem o nível mínimo de conceitos necessários à Progressão dos estudos ganharam: dificuldades e mais dificuldades...

Não sou defensora da reprovação, como alguns apressadamente podem querer me classificar. Sou defensora da aprovação justa, da promoção de alunos que dominaram a maioria dos objetivos da série, cerca de 60 a 70% do que foi trabalhado naquele ano letivo.

Julgue você, caro leitor, o que é pior: repetir um ano e aprender o que faltou para depois poder seguir os estudos, ou ser aprovado para, a seguir, ficar completamente perdido nas aulas, e capengar a cada ano com enormes dificuldades, devido à falta de pré-requisitos?

Ninguém perguntou se a *"aprovação automática"* (nome que os professores deram à Progressão Continuada, que praticamente eliminou a reprovação no Ensino Fundamental) trouxe, de fato, ganhos para os estudantes. Aliás, nem precisava: a realidade se mostrou por si só. Hoje — está em todos os jornais e principalmente na vida —, os alunos que concluem a 9ª série mal-interpretam o que mal conseguem ler...

Esse modelo acabou alcançando, por consequência, alguns anos depois, o Ensino Médio; e alguns outros anos mais, também os concluintes das universidades — como não poderia deixar de ser, e para completar, um quadro com consequências cruéis em termos de qualidade de vida profissional. Não se espante, portanto, caso se depare com reportagens que relatam prédios em construção ruindo (para que estudar frações, né, é "chato"!); pacientes piorando de suas doenças após adentrarem hospitais por erro de administração de doses de remédios (para que estudar sistema decimal, né? É "chato"!) ...

Assim, pouco a pouco, ano a ano, estamos colocando no mercado de trabalho profissionais cada vez menos qualificados, com mais defasagens e deficiências... Também não é à toa que textos de jornais e revistas, por vezes, se tornaram incompreensíveis, tal a deficiência em Língua Portuguesa, por exemplo.

E serão esses os profissionais que trabalharão também na formação de professores! Imagine como estará a situação daqui a quinze, vinte anos se nada se fizer urgente e eficazmente a respeito...

A confiança que a família tinha no trabalho da escola há seis décadas e a semelhança de propósitos entre ambas concorria para que os jovens percebessem que *não havia espaço para barganha* ou *facilitação* de qualquer tipo. As provas eram únicas e vinham prontas do MEC para aplicação em todo o país, o que garantia homogeneidade, mas também implicava que os docentes se esmerassem em "dar todo o conteúdo previsto" para a série, fosse em Matemática, Ciências ou em Língua Portuguesa, já que turmas com bons resultados mostravam claramente o bom (ou o mau) trabalho do docente... O resultado da avaliação de uma turma acaba sendo — como realmente é — avaliação do trabalho do professor também.

A Progressão Continuada promoveu a certeza de que, com ou sem conhecimentos incorporados, e com ou sem qualidade, se conclui o Ensino Fundamental no Brasil.

IV. O castigo físico

Vocês, que são mais jovens nesse mister de educar, seguramente devem estar se perguntando: *"Mas como os pais conseguiam, essa aquiescência sem discussão? Aqui em casa é uma luta em tudo! Para conseguir que meus filhos obedeçam a cada mínima ordem que lhes dou... Aliás, ordem não é bem o termo; melhor dizendo: a cada pedido mínimo (jamais é imposição), é bom deixar claro, sempre vem revestido de carinho e democraticamente."*

Por exemplo: "Mamãe lhe ama, por isso quer que você, queridinho, tire o pijaminha agora, escove os dentes e coloque o uniforme antes que o ônibus escolar chegue". — e assim por diante!

Essa maneira de falar faz com que a maioria das crianças perceba/entenda que pode se aprontar depois, que pode não obedecer logo. Afinal, é um pedido, não uma obrigação ou uma ordem...

No passado, a meninada obedecia, porque vigorava o *"magister dixit"* (o mestre falou, em tradução livre). Significa que vigorava algo como aquela brincadeira infantil do passado *"o que seu mestre mandar, faremos todos"* ... ou quase isso! Sim, a obediência era quase sempre alcançada. Afinal, sempre havia a sombra dos castigos físicos.

Os que ousavam desobedecer — até antes dos anos 1960 — sabiam que teriam que enfrentar a "temível" palmatória (imagino que você nem saiba o que é, ou se sabe, nunca viu uma em carne e osso — melhor dizendo, em madeira!). Cinco "bolos" na palma das mãos com o instrumento desestimulavam, de forma extremamente eficiente, qualquer ousado aprendiz... Também assistir a um coleguinha levar esses "bolos" era suficiente para inibir estripulias dos demais alunos de forma muito, mas muito eficiente.

Professores e pais contavam também com outros recursos, igualmente inibitórios: *chineladas* (utilizadas pelas mães, principalmente) e *"coquinhos"* com os dedos fechados e aplicados, com muita firmeza, no topo da cabeça ajudavam bastante a obediência.

Em casos mais sérios, a "surra de cinto" entrava em cena quando a escola reportava à família o malfeito da criança. Essas surras eram, em geral, aplicadas pelo pai para ter também um efeito moral mais vigoroso, além do castigo em si. Era fácil o cinto "cantar" em casa, se a escola apresentasse aos pais, queixas com relação ao comportamento ou ao aprendizado do aluno.

Outra forma de disciplinar na escola era colocar o aluno *em pé, de frente ou de costas para a turma*, por parte do tempo das aulas, após uma conduta inadequada. Hoje em dia, tais métodos talvez resultassem até em prisão dos docentes...

Na minha infância, cansei de ver professores — e não poucas vezes, — jogarem giz, apagador ou darem umas reguadas na cabeça de quem viajava num mundo de sonho, ou naqueles que, furtivamente, "consultavam" o trabalho do vizinho da carteira ao lado...

Sim, o castigo físico já fez parte da metodologia de ensino — ainda que você ache inacreditável... Em suma, com tantos recursos e a autoridade inquestionada, rarissimamente se precisava *convencer* — *como hoje* — pais e alunos sobre medidas que a escola adotasse.

Vigia, entre pais e filhos, bem como entre professores e alunos, uma relação de autoridade, em que o grau de severidade dependia apenas de como cada um decodificava o conceito. O grau de exigência também variava em função da personalidade de professores e de pais.

Vale a pena conhecer o que Houaiss, em seu *Dicionário da Língua Portuguesa 3.0*, define como autoritário:

1. relativo à autoridade

2. que se firma numa autoridade forte, ditatorial,
   Ex.: regime autoritário

3. revestido de autoritarismo; dominador, impositivo.

4. que infunde respeito, obediência

5. a favor do princípio de submissão cega à autoridade.

Ou seja, há funções na família, na escola e na sociedade que, por si, emanam autoridade como: Diretor de empresa, Chefe de departamento, Diretor de escola, Coordenador de turno, entre outros. E essa autoridade era vista e aceita naturalmente como de submissão dentro do organograma da instituição.

O que estou querendo deixar claro, para quem não viveu esse período, é que o que pais e professores diziam era praticamente lei. Para discordar ou questionar se fazia necessário ser corajoso, indisciplinado ou inconsequente, porque inevitavelmente a repressão vinha imediata — e dura...

Em outras palavras: um "bom menino" não era apenas, como na conhecida canção popular (a seguir reproduzida), aquele que não faz pipi na cama, vai sempre à escola e não faz malcriação. Na verdade, era mais que isso: esperava-se (e quase sempre se obtinha) submissão absoluta à autoridade.

Nas escolas e na família o esperado era obediência. E as mídias existentes (poucas, então: rádio e tevê apenas) ajudavam a fortalecer os conceitos vigentes. O sucesso enorme da canção *O bom menino*, na voz do palhaço Carequinha, ídolo das crianças da época, reforçava totalmente o *status quo*.

Reproduzo aqui um trecho da letra (quem quiser ouvir a música completa certamente encontrará fácil na web):

O bom menino

Composição : Altamiro Carrilho.

O bom menino não faz pipi na cama
O bom menino não faz malcriação
O bom menino vai sempre à escola
E na escola aprende sempre a lição

Há um aspecto na letra que caracteriza bem a forma pela qual os adultos lidavam com as novas gerações: ao relacionar as atitudes que Carequinha (o ídolo reverenciado) condena e as que aprova, fica claro quais as crianças devem evitar para serem amadas e se quiserem ser bons meninos.

Essa letra simples, até ingênua, revela não apenas que havia uma "cobrança" no sentido de a criança ter que adotar os comportamentos e atitudes aprovados pelo grupo social, mas ia além, através de pequenas dicas no discurso, bem como pelas atitudes e sanções que adotavam quando a criança não se conduzia como desejado — pois estariam se afastando do coração do Carequinha, assim como do de pais e professores.

Seguindo na leitura, você entenderá *"como"* e *"por que"* mudaram tanto as relações entre adultos e crianças.

V. A retirada do afeto

Fica relativamente fácil compreender que se tornou bem mais difícil alcançar os objetivos educacionais na atualidade, quando se trabalha democraticamente com filhos e alunos. Apesar de mais difícil, é uma mudança positiva que deve ser preservada e que terá sucesso dependendo apenas da segurança dos pais e professores enquanto autoridades que são como demonstraremos no decorrer dos capítulos.

Além dos castigos físicos, os pais contavam com um outro recurso muito utilizado: a *Retirada do Afeto*, como chamamos em Psicologia. Os pais deixavam claro que amavam os filhos, mas, para que continuassem sendo amados, tinham que seguir alguns princípios em termos de conduta, como a reciprocidade, por exemplo.

> *Sem precisar dizer em voz alta, mas pelas atitudes dos pais, os filhos depreendiam: Te amo, sim, meu filho, mas se você não agir da forma adequada posso deixar de lhe amar!*

A *Retirada do Afeto* funcionava como elemento motivador para a adoção de comportamentos socialmente aprovados.

Não estou avaliando se tal atitude era correta ou incorreta. Estou apenas relatando *como era*. E funcionava? Na grande maioria dos casos, sim. Afinal, o que buscamos todos nós, e acima de tudo? Sermos amados, queridos, protegidos...

Então, se sou uma criança ou um jovem, e fico ciente de que o amor, o conforto, a proteção e o apoio que me dão podem simplesmente terminar devido a atitudes inadequadas, o que faz a maioria? Tende a preservar os comportamentos que deram certo e que trouxeram resultados afetivamente positivos. Era assim que os pais e os professores conseguiam obediência e atitudes corretas (usando a palmatória, os cascudos, os castigos físicos. E também com a *Retirada do Afeto*).

Que diferença de hoje, quando se ouve a todo minuto os pais declarando, repetindo, reiterando seu amor incondicional:

> *"Filho, te amo e amarei sempre, independentemente do que você fizer"* ou *"Te apoiarei sempre, faça o que você fizer"!*

VI. Surgem as mudanças

Até aqui você já entendeu que as rédeas e o controle de tudo estavam nas mãos de pais e professores, que agiam com presteza e utilizando-se de castigos físicos quando achavam necessário. Então, de certo modo, era razoavelmente simples obter a obediência dos filhos e alunos. Afinal, sempre se podia fazer uso desses *instrumentos de coerção*.

Antes de analisarmos as mudanças que ocorreram, vou me antecipar um pouquinho para que quem me lê aqui compreenda que o problema que ocorreu — e que ainda vem ocorrendo hoje em dia — surgiu devido ao radicalismo na aplicação das mudanças que se seguiram.

Se essas transformações tivessem sido introduzidas de forma menos radical, talvez não tivéssemos chegado ao nível de indisciplina que chegamos hoje, especialmente no ensino público. Estávamos, tanto na família quanto na escola, em um momento de muita dureza e severidade em relação à disciplina e obediência aos mais velhos e às autoridades. Talvez por isso, quando os ventos e as teorias da mudança chegaram, nos atiramos com muita sede ao pote, ensejando mudanças de 180 graus, fator determinante para o surgimento dos problemas que analisaremos a seguir.

Erramos. Não em mudar: erramos porque **exageramos na aplicação das mudanças. Se tivéssemos mudado de forma mais equilibrada, creio que os problemas não teriam acontecido.**

Erramos ao introduzir mudanças que trouxeram o enfoque totalmente oposto ao que vigia, e que introduziu conceitos trazidos basicamente da Psicologia para a área da Educação. Se antes os pais eram severíssimos e não se preocupavam com o que a criança sentia ou queria, porque tinham certeza de que aquela era a maneira que formaria bem seus filhos, a proposta que chegava priorizava sentimentos, desejos e peculiaridades dos alunos.

Trocando em miúdos: na escola, passou-se a valorizar mais a relação entre professor e aluno — foco totalmente psicológico — do que os conteúdos a serem ministrados, que acabaram, em muitos casos, sendo colocados em um modesto segundo lugar.

Foi o momento em que também os pais, influenciados pela Psicologia, começaram a valorizar a ideia de que para serem bons pais, precisavam verbalizar claramente seu amor pelos filhos. Antes disso, não se ouvia — como agora — a todo momento, pais declarando seu amor aos filhos. E frisando que é um amor *incondicional*.

E isso não é positivo? — vocês devem estar me perguntando.

Dizem que tudo que é demais enjoa, ou dá dor de barriga... Sim, enjoa. Adultos têm essa peculiaridade: desvalorizam o que têm demais e de graça, sem nenhum esforço ... E as crianças também. Vamos entender o foco.

Ao declarar seguidamente esse amor incondicional a uma criança ou jovem *ainda em formação ética*, e por melhor que seja a intenção, os pais, sem perceber, acabam indiretamente incentivando os filhos a ignorarem ou romperem o compromisso com os princípios norteadores do bom comportamento na família e na sociedade.

Como assim? Uma coisa não tem nada a ver com a outra, alguns poderão dizer... Mas tem sim, e é razoavelmente simples entender.

Pense comigo: na medida em que você afirma para seu filho que *vai apoiá-lo em qualquer circunstância* — que é o que os pais vêm dizendo aos filhos —, inadvertidamente está dizendo também, e sem perceber, que, caso ele, por exemplo, desconsidere a importância dos estudos, ache uma chatice ir à escola, e tudo que esteja relacionado a ela, e um belo dia jogue os cadernos no chão porque não quer fazer o trabalho de casa ou estudar para uma prova —, você já terá passado a mensagem de que aceitará atitudes inadequadas e o apoiará também quanto a outras atitudes inadequadas. Pode parecer exagero, mas não é. Você prometeu apoio incondicional e é isso que seu filho esperará de você. Nossos pais e avós mostravam claramente que devíamos algo a eles, além de respeito. Nós nos colocamos como devedores dos filhos quando dizemos que são eles os responsáveis pela nossa felicidade, e especialmente quando não exigimos nada em retorno a tudo que lhes damos em termos de amor e benesses.

Esse amor incondicional, de fato, existe — não creio que exista nenhum outro maior — caso fosse possível medi-lo; nossos pais e avós também sentiam esse mesmo amor; não foi e não é privilégio da atual geração de pais! A diferença grande que existe hoje é que esse amor desmedido nunca havia sido declarado e vezes sem fim reiterado, em alto e bom som, como agora.

Minha avó materna, recordo-me, dizia que devíamos amar os filhos "dos olhos para dentro" — e o repetia sempre que percebia os papais e mamães da família se derretendo pelos filhos mais do que considerava saudável... Em outras palavras: fazendo-lhes todas as vontades, deixando passar sem recriminar ou sancionar atitudes socialmente inadequadas — algumas até inaceitáveis — em nome desse amor infinito.

A advertência de minha avó tinha a ver com a ideia, na qual acreditava com fervor, de que deixar transparecer certeza total de que *nada do que as crianças e adolescentes fizessem* abalaria minimamente o amor, carinho e as atenções que recebiam, só traria desgostos à família, num futuro bem próximo. Mais: achava que era uma forma de estimular condutas indesejáveis, como falta de cortesia, indelicadeza no trato com o outro, desrespeito, agressividade gratuita e, mais tarde, adiante, outras de maior gravidade.

Como minha avó, assim pensava também a maioria dos adultos, até a primeira metade do século XX.

A ideia de apoiar *quaisquer ações dos* filhos, que vem sendo adotada e comunicada com todas as letras e em alto e bom som pelos pais da atualidade, me parece se originar na necessidade que sentem de certificar o amor total e irreversível que têm por seus rebentos, atitude que, por sua vez, surgiu da ideia de que a criança precisa ser constantemente reassegurada do amor dos pais.

Sim, sentir-se amado é essencial para o equilíbrio emocional tanto de adultos, jovens, idosos, como de crianças...

O problema foi o exagero ao se colocar em prática esse conceito. A constante reafirmação desse amor, mesmo em momentos em que a criança não se portava adequadamente, o que trouxe consequências negativas.

Antes disso, era fácil para crianças e jovens discernirem atitudes corretas (aprovadas socialmente) das erradas (condenáveis socialmente). Como sabiam? Simplesmente olhando para o rosto do papai e da mamãe... Se viam a testa franzida ou o olhar zangado, imediatamente sabiam que "lá vem bronca ou castigo". E, em situações de sorrisos e carinhos, já sabiam: "Estou nota dez!".

Com essa nova postura, a criança pode muito bem pensar (e como o fazem rapidinho!) que tanto faz agir bem ou mal. Um problema que, a cada dia que passa, se torna mais difícil de reverter. A formação do caráter se dá até em torno dos sete primeiros anos de vida, sabia? Período mais do que suficiente para nós, pais, agirmos e definirmos limites sociais, que serão a base de tudo no futuro de nossas crianças. Aproveitem, portanto, e muito, esse período, papais e mamães!

Na medida em que a percepção entre atitudes corretas e inadequadas se tornou menos nítida para as crianças, ficou bem mais difícil educar — tanto na escola quanto na família.

Importante os pais saberem que, quanto menor a criança, mais difícil é para ela distinguir nuances e situações dúbias. Então, se os pais estão inseguros sobre se devem ou não reprimir determinadas atitudes e aprovar outras, as coisas ficam de fato frouxas, o clima fica indefinido, e assim as crianças perdem esse excelente termômetro que sempre foi *o olhar que educa, o olhar que conduz, o olhar dos pais*. Os pequenos — e até mesmo os adolescentes — precisam de clareza: *"Isso pode"; "Isso não pode"*. E ainda que nós, adultos, saibamos que o mundo não funciona assim, tudo preto ou branco (sim, há muitos tons entre essas duas colorações), até que aprendam as regras sociais básicas, *as novas gerações necessitam de clareza — e certezas*.

É claro que esse sentimento de amor pleno existia também nas gerações anteriores. A diferença é que não era exibido, nem reiterado tantas vezes, como hoje. Canso de ouvir pais *agradecendo aos filhos por existirem* e terem tornado suas vidas felizes incomparavelmente felizes.

Enquanto nossos avós diziam, *"me respeite, que eu te dei a vida!"* (e que dívida maior se pode ter, se vida é o bem mais precioso?), o que vemos hoje é que essa "dívida" se deslocou dos pais *para os filhos*. Hoje eles acreditam que seus pais têm *uma dívida com eles porque nasceram!* Mudança de 180 graus, que tornou os pais meio submissos aos filhos, ou, no mínimo, acomodados a seus desejos e desmandos.

Penso que devemos nos perguntar:

"O que essas crianças e jovens estão fazendo com esse precoce e imenso poder que estão recebendo?"

"Terão eles maturidade para gerir e tomar decisões?"

VII. A geração childfree

Sei que todos têm ciência de que somos nós, pais, que decidimos quando queremos e quando vamos ter nossos filhotes... Parece, porém, que muitos andam esquecidos disso... Então, vale lembrar que filhos não tomam parte na *"decisão de eles próprios nascerem"* — é o casal que decide, concebe e leva adiante o projeto, quando a gravidez se concretiza.

Ou não! Sabe quantos abortos ocorrem anualmente no mundo, mesmo sendo proibido em vários países? Algo em torno de *40 a 50 milhões ao ano*! Portanto, o mérito de existirem crianças e adolescentes no mundo é dos pais. A decisão de levar adiante a gravidez e de ter um filho é um ato de amor *do casal*, o que, como se vê, contraria a decisão de milhões de outros pares, que optam anualmente por não tê-los! Quem detém o mérito da vida são os pais que decidiram levar o projeto a termo e cuidaram da melhor forma que conseguiram de seus rebentos...

Somente no Brasil ocorrem cerca de 800 mil abortos anualmente, tinha ideia disso? Segundo a Organização Mundial da Saúde (OMS), os números levantados podem ser ainda maiores, ultrapassando talvez um milhão por ano!

Também é interessante observar que atualmente, no mundo ocidental, dezenas, centenas de jovens casais *optam por não ter filho algum*... Alegam que dá muito trabalho (o que é verdade: é tarefa contínua, dia e noite, por cerca de 30 anos — isso se tudo correr bem)! Caso não corra bem, isto é caso os pais não orientem com segurança os filhos e deixem tudo correr de forma frouxa, livre e independente de orientação, aí, o mais provável é que não haja data de término para a função dos pais, que terão que tomar conta, sustentar e assumir — por toda a vida — filhos de 40, 50 anos, que agirão como meninos mimados, no que realmente terão se transformado, em vez de cidadãos produtivos.

Os que optam por não ter descendentes também alegam como justificativas mais frequentes que filhos acabam com a liberdade individual e do casal; exigem muitos gastos e comportam anos e anos de trabalho.

E realmente, no Brasil (e em todo o mundo), o número de casais sem filhos vem crescendo: segundo o IBGE, subiu de 18,3% para 19% de 2019 para 2021. Nos Estados Unidos, de acordo com um estudo do Pew Research Center, nesse mesmo período, aumentou de 37% para 44% o número de pessoas de 18 a 49 anos que não querem procriar!

Voltando ao nosso histórico:

O que ocorria era que, embora à época se amasse os filhos tanto quanto os amamos hoje, prevalecia a ideia de que a criança *precisava corresponder e provar* pelas suas atitudes que merecia esse amor.

Não era nada incomum os pais ficarem "de cara feia", distantes ou "quase mudos" com os filhos devido a atitudes inadequadas. Também podiam colocá-los — e colocavam mesmo — de castigo por mau comportamento.

Talvez você esteja pensando *"Nossa, como é que um pai (ou mãe) tem coragem de fazer isso com seu pobre filhinho?"* Mas entenda bem: retirar o afeto não é uma atitude tão horrorosa quanto pode parecer e, cá entre nós, é muitíssimo utilizada pela maioria dos pais, mesmo sem que conheçam essa denominação. Vai desde uma simples *expressão facial* de desgosto ou insatisfação, até uma postura de afastamento, quando então falam com a criança apenas o inteiramente necessário, não brincam com ela e *esfriam* a relação (não fazem os carinhos habituais), mantendo um distanciamento, bem diferente da conduta de todo dia. Dessa forma, a criança percebia, com rapidez e claramente, que havia feito algo errado ou condenável.

Pode parecer impiedade, mas não é, desde que, claro, só se utilize o procedimento quando os filhos tiverem realmente atitudes inadequadas ou incivilizadas. Ao contrário do que possa parecer, é um método que costuma funcionar muito bem, desde que, como já disse, seja utilizado criteriosamente.

Que fique bem claro que surras, coças e palmadas são totalmente desaconselháveis e condenáveis.

Acreditava-se, porém, que passar a sensação de que os filhos poderiam perder esse amor e cuidados não apenas os fazia valorizarem esse amor como condicionava suas ações. Lembram-se da letra da música que postei aqui? Mostra claramente que a forma de conservar o amor do Carequinha (e dos adultos!) era justamente se comportando da forma preconizada por pais e professores!

VIII. A reciprocidade necessária

Não estou propondo, claro, que pais deixem de amar os filhos por agirem de forma incivilizada ou incorreta, de forma alguma! Afinal, ninguém nasce sabendo as regras e atitudes socialmente aprovadas, nem as que são consideradas inadequadas...

Também não se trata de voltarmos ao passado. Nada de surras ou castigos corporais, nada de prender em quarto escuro... Trata-se somente de entendermos de quais ferramentas dispomos modernamente, para conseguir que as crianças obedeçam a seus pais. Trata-se também de analisarmos como está a vida em família — mais especificamente a relação entre pais e filhos — para, em seguida, e com base em dados da realidade, encontrarmos saídas para o impasse que hoje se vive na família e nas escolas, em relação à disciplina e à aprendizagem.

Pais podem experimentar frustração ou desencanto quando os filhos agem de forma inadequada ou antissocial, sem dúvida. É normal. Quanto mais se ama, maiores são as expectativas... portanto, ficar decepcionado quando se percebe que seus esforços educacionais não estão dando certo é muitíssimo natural... O que não significa voltar a usar os métodos que nossos avós usavam.

O que estou sugerindo é que talvez se deva deixar que os filhos *pensem que o amor dos pais pode mudar*, dependendo da forma pela qual os filhos agem.

Para quem usava surra e palmatória, era fácil conseguir alcançar os objetivos educacionais. Claro, a criança tinha medo. Como agir, no entanto, quando os filhos não querem obedecer já que (felizmente) não utilizamos mais métodos como os do passado?

Como dizia minha avó, e já suavizando bastante, estou propondo que se *ame os filhos de forma um pouquinho menos declarada* — apenas isso. Trata-se de *fazê-los acreditar* que podem perder as atenções e o carinho que recebem; é fazê-los crer (mesmo que não seja verdade) que os privilégios de que desfrutam têm por base a *reciprocidade* e que esse amor poderia diminuir ou ficar diferente, em função das atitudes que a criança tenha.

Essa impressão, seja lá que nome se dê a ela, contribuía, no passado recente, e de forma bastante eficiente, para estimular a adoção de atitudes positivas, porque a criança pensava que, agindo de forma a agradar os pais, estaria garantindo a manutenção do amor e, por conseguinte, sua segurança afetiva. E assim, pouco a pouco, as atitudes socialmente positivas iam sendo introjetadas, até passarem a fazer parte do dia a dia e se tornarem a forma automática de agir. Portanto, não me parece nada errado seguir utilizando esse recurso educacional-afetivo. Sim, funciona e, bem utilizado, é recurso que não causa mal algum a nossas queridas crianças. Simplesmente *funciona!*

Vários dos recursos antes utilizados pelos pais nas gerações anteriores foram sendo gradativamente abandonados, em parte devido à conscientização promovida por psicólogos e psiquiatras, em parte por meio de entrevistas e artigos que foram sendo seguidamente publicados a respeito, certo é que os pais foram deixando de lado o instrumental extremamente coercitivo de que se utilizavam para educar os filhos, o que foi positivo, sem dúvida. O problema foi que nada foi posto no lugar do que se tornou condenável utilizar — *a não ser o diálogo*, a conversa, a tentativa de convencimento dos filhos (tarefa mais do que árdua!) — de modo que foi se tornando mais e mais complexa a tarefa de alcançar obediência — tanto de filhos, quanto de alunos. Sim, a escola passou pelos mesmos problemas... Com isso, crianças e jovens foram se tornando os verdadeiros "donos" do espaço familiar (e escolar também, pouco depois!). Hoje não é nada raro você ouvir uma mãe perguntando ao filho:

"Querido, posso colocar seu almoço agora, queridinho? Nós todos já almoçamos, está tarde!"

ou

"Amorzinho, ainda não fez as tarefas escolares? Já são dez da noite!

E assim por diante.... Com essa forma de agir, os pais foram pouco a pouco quase se transformando em "pedintes" dos filhos — quase! Quem acha que estou exagerando não conhece de perto a realidade difícil por que passam os que querem alcançar seus propósitos somente utilizando o diálogo como método educacional. Dificuldades que aumentam à medida que as crianças chegam à adolescência, e depois à idade adulta — que, diga-se de passagem, hoje acontece muito, muito mais tarde, por uma série de razões, entre as quais a necessidade de mais anos de estudo até se formar.

Como conseguir que obedeçam se, ao que parece, quem manda na casa agora são as crianças? Há que haver autoridade, e a autoridade continua e deve continuar a ser de quem cria! As dificuldades aumentaram tanto que muitos casais, vendo o que se passa com seus amigos que já são pais, acabam optando por não ter filhos...

Assim como há casais que não pensam duas vezes quando se trata de "ter ou não filhos", e mergulham de cabeça na aventura de procriar, há também aqueles que decidem *nunca* tê-los, em parte pelo que vivenciam com casais amigos, em parte por outras razões.

Alguns dos mais frequentes motivos alegados para não terem filhos são:

- perda de liberdade;
- perda da independência;
- falta de aptidão para a tarefa;
- custo altíssimo para bem educar a criança;
- identificação com as lutas femininas.

Entre outros.

O movimento tem até nome: *CHILDFREE* (sem crianças), cunhado em 1900, só começou, porém, a ser utilizado mais frequentemente a partir dos anos 1970, para se referir a mulheres que não se viam no papel de mães.

Com a chegada da internet e das redes sociais, o referido movimento ganhou maior visibilidade, e passou até a constar de levantamentos e cálculos estatísticos. No final do primeiro trimestre de 2024, por exemplo, já se encontravam nas redes sociais mais de 300 mil postagens com o título #childfree!

Alguns casais que fazem essa opção (não ter filhos) se queixam de serem vistos como pessoas que detestam crianças, o que, evidentemente, é uma injustiça. Pode-se perfeitamente adorar crianças e decidir que não quer ter seus próprios filhos. Assim como muitos outros podem tê-los e depois descobrir, na prática, que o trabalho e as preocupações são tantos, que talvez preferissem não ter tido, caso pudessem voltar atrás. E muitos optam por não repetir a dose...

Talvez por isso seja grande o número de casais com *apenas um filho*. Em muitos países, especialmente os do Ocidente, já são quase a norma, embora a pressão para terem mais do que um apenas, seja frequente por parte de amigos e da própria família.

Verdade é que, nos países democráticos, a decisão sobre ter um, quatro ou nenhum filho é totalmente pessoal e cabe somente ao casal — apesar das constantes e inevitáveis pressões...

O que realmente me parece fundamental é a consciência de que, uma vez tomada e concretizada a decisão de tê-los, não haverá retorno possível. Não tem como "devolver" o filhote caso você ache que dá muito mais trabalho do que esperava, ou considere que é terrível ficar sem tempo livre e sem liberdade para acordar a qualquer hora — para citar apenas algumas das mudanças que surgem na vida de quem decide ser pai. O tempo de "sem obrigações" e "sem relógio" só existe até o primeiro bebê chegar.

Na atualidade, quando já existem meios eficientes e sem maiores consequências para a saúde da mulher em termos de contracepção, é compreensível e natural que os casais decidam postergar a chegada dos filhos, ou diminuir o número, e até mesmo optar por não os ter. São progressos que a ciência concretizou e é justo que os jovens delas se beneficiem. Não é raro os casais hoje decidirem ter filhos após os 40 anos e até um pouco mais tarde, quando já "aproveitaram" bastante a liberdade e da forma que lhes apeteceu.

Os problemas a que nos referimos sobre como educar eficientemente, sem mimar nem recair nos modelos que incluíam castigos físicos (fossem dolorosos ou não) dos séculos anteriores, evidentemente nada têm a ver com o que acabei de relatar, em termos de número e de quando ter filhos.

O que importa é que os futuros papais, uma vez que tenham se decidido a tê-los, saibam como educá-los de forma a que se tornem verdadeiros cidadãos, que contribuam para o crescimento e a harmonia do mundo e dos que com eles convivem.

Então, ponto pacífico: é normal e ótimo que cada dupla decida se quer, quando quer e como quer ter filho — ou filhos. A partir daí, o foco deve ser entender e lutar para fazer deles cidadãos produtivos, saudáveis e de bem.

IX. Criando filhos hoje

Como vimos, a relação entre pais e filhos caminhou de uma situação em que a autoridade se concentrava claramente nas mãos do pai, da mãe ou de quem os criava, para o momento em que, surpreendentemente em muitas famílias, se deslocou para os filhos, mesmo que ainda sejam crianças ou adolescentes...

A crescente valorização da Psicanálise e da Psicologia, que ocorreu a partir dos anos 1970 no Ocidente, mudou radicalmente a relação entre pais e filhos. Foi uma mudança positiva sob certos aspectos, na medida em que se passou a levar em conta as preferências e inclinações que as crianças cedo demonstram — o que antes não era sequer considerado. Pelo contrário, era frequente os pais determinarem até mesmo a profissão que os filhos iriam seguir. Se o pai era advogado, esperava-se que os filhos seguissem o mesmo caminho, para dar continuidade ao que já se havia construído. Especialmente essa mudança de atitude dos pais provou que os pequenos, tanto quanto os adultos, têm sentimentos, percepções e inclinações, mesmo que ainda não percebam claramente o que tais aspectos significam em termos futuros.

À medida que esses estudos foram ganhando adesão de especialistas, e à medida também que se iniciou um processo de divulgação maciça nas mídias sobre esses novos aspectos do desenvolvimento infantil, o receio de educar de forma inadequada foi crescendo — assim como, por parte dos filhos, cresceu a ideia de se diferenciarem dos pais. Diferentemente das gerações anteriores, que tentavam seguir os passos e modelos dos pais.

Até esse momento histórico, pais e professores tinham clareza do que deveriam fazer em relação à educação das novas gerações. Sabiam o que precisava ser coibido, e o que deveria ser incentivado nas atitudes de filhos e alunos. Outro dado importante é que eles acreditavam plenamente em sua ação educativa. Tinham segurança com relação ao *"que-fazer educativo"*. Em outras palavras, a *como educar*.

Quando abandonaram os métodos considerados ultrapassados e começaram a usar apenas o diálogo, os pais foram surpreendidos pela irremediável necessidade de ter que repetir, repetir, e repetir tudo um milhão de vezes, qual disco arranhado (lembram-se do que seja um disco, não?) e — meu Deus do Céu, que canseira —, nem assim, conseguiam mais ser obedecidos por boa parte das crianças.

Claro! Crianças, como já disse, são crianças: significa dizer que desconhecem perigos, que são capazes de transformar brincadeiras singelas em perigos mortais... assim como são incapazes, em sua maioria, de distinguir com clareza uma decisão ruim e inadequada de outra, positiva e correta. No entanto, crianças são capazes de discernir — à perfeição — *o que gostam do que não gostam*. Portanto, a probabilidade de decidirem equivocadamente — se as deixarmos optar — é muito alta. Por exemplo: se lhes é dado o direito de decidir se irão ou não à escola, é muito, mas muito provável que optem por não irem; se deixamos que decidam a hora que vão para a cama, é muitíssimo provável que optem por ficar jogando no computador até de madrugada — ou até que "desmaiem" de sono...

Quando os pais foram convencidos de que deviam dar direito de opção aos filhos nos assuntos que lhes concerniam, caíram das nuvens... Inseguros, se perguntavam:

> *"O que devo fazer se eles decidirem não ir à aula hoje?"*
> ou
> *"Como convencê-lo a fazer as tarefas escolares se ele diz que não gosta e que não vai fazer?"*

Em resumo: Como devo agir para bem educar, sem causar traumas ou problemas emocionais?"

Foi realmente uma revolução, porque, como leigos que eram, os pais, ao ouvirem e lerem que atitudes repressoras poderiam inibir a criatividade, a iniciativa e a espontaneidade dos filhos (como realmente podem, mas apenas sob certas circunstâncias), começaram a questionar tudo o que faziam. Alguns chegavam a duvidar se podiam e deviam chamar a atenção ou corrigir a criança... Afinal, tudo a sua volta lhes dizia para "não reprimir"! O que fazer? Como agir?

Esse o exagero a que me referi. Saindo de um modelo totalmente autoritário, chegou-se ao outro extremo, em que muitos pais perderam totalmente a confiança em si próprios e o foco do seu papel.

Os termos "frustrar" e "traumatizar" — que jamais haviam feito parte das preocupações dos pais — assumiram papel relevante e se tornaram presença inequívoca nas discussões e decisões familiares. Naquele momento, e sem saber o que colocar no lugar das ferramentas que até então utilizavam para educar, tornaram-se desarmados e inseguros.

> *"O que colocar no lugar do que não se devia mais utilizar?"* — *perguntavam-se (e perguntam-se ainda) os adultos aflitos.*

Interessante observar que a grande maioria das publicações leigas voltadas para a família (artigos de revistas não científicas, mas de grande circulação na sociedade) advertiam, de forma clara e bem definida, sobre *"o que não fazer ao educar os filhos"*. Quase nenhuma, porém, incluía alternativas para substituir o que condenavam. A única metodologia que aparecia como sugestão passível de se usar de acordo com as novas diretivas educacionais era o já citado *"diálogo"*. Sim, a ordem do dia naquele momento era *conversar* com a criança, *dialogar* com ela, de forma a que compreendesse o que podia e o que não deveria fazer. Parecia tão bom, uma forma simples e maravilhosa de educar!

Era tudo que os pais queriam!

Bater, usar palmatória, dar reguada, colocar de castigo em quarto escuro, deixar a criança ajoelhada no milho etc. já haviam sido — felizmente — alijadas da ação educativa. Esse foi o lado positivo da mudança em curso. E não, não aconteceu do dia para a noite, não. Mas aconteceu em alguns poucos anos.

Para a criançada foi uma bênção! Ir à escola deixava de ser: temer, apanhar, ser castigada ou humilhada — um grande avanço, indiscutivelmente.

Pais e professores sabiam agora que os métodos coercitivos estavam fora de questão e assim deviam continuar — tanto no espaço escolar como na família. Só que sem o anterior arsenal disciplinador — cascudos, palmatória etc. — os pais começaram, valente e entusiasmadamente, a conversar, a dialogar, a tentar mostrar e convencer as crianças a agirem de acordo com o que é justo e civilizado.

Eles tinham razão? Sim, sem dúvida. Quem discorda de que pais devem interferir se a criança está maltratando o cachorrinho da família? Ou se seu filho lindo, inteligente e tão amado faz ouvidos de mercador a sua tão justa proposição de que faça com capricho as tarefas que a escola passa? Tenho certeza de que ninguém em sã consciência. Tudo certo, então? **Não!**

Como assim, não?

X. O diálogo como método

Não, porque, em pouco tempo, surgiu no horizonte algo com que não contavam pais e professores: ao contrário do que se esperava, descobriram que o diálogo nem sempre funcionava.

Como assim? É que, em pouco tempo, a criançada percebeu que podia não fazer nada do que os pais propunham conversando, falando com aquele jeitinho suave, cheios de amor. Simplesmente perceberam que podiam não fazer nada do que os pais *e professores* diziam — somente o que queriam —, e nada lhes acontecia, a não ser mais conversas e diálogo.

Antes, o medo fazia com que as crianças se enrustissem, temessem o que poderia acontecer... Com o diálogo, no entanto, tudo parecia terminar em conversas e promessas, novas conversas e novas promessas... Parece mesmo que o ser humano é pouco afeito a conviver utilizando apenas o diálogo como forma de entendimento... Basta dar uma olhadinha nos jornais diários para perceber o quanto de verdade existe nessa afirmativa. Infelizmente, assim é.

Com isso não estou justificando ou defendendo as surras, palmadas ou a palmatória. Jamais. Você logo compreenderá aonde quero chegar: leia um pouquinho mais...

Pois é. Voltando ao que conversávamos, as crianças descobriram que podiam simplesmente *não fazer* o que os pais ou professores preconizavam que nada lhes acontecia.

E foi assim que surgiu o *"não", o "não quero", o não gosto"* e o *"depois eu faço!"* — só que agora dos filhos. Antes, quem dizia *não* eram os pais. Agora, são os filhos...

Bem que minha avó avisara!

E o que fizeram os pais frente a essa resistência inesperada dos filhos? Imaginem: o que poderiam fazer? Tinham lhes dito e reassegurado que bater, botar de castigo, intimidar etc. não se usava mais. Era prejudicial ao desenvolvimento sadio dos pimpolhos... E o que ofereceram no lugar dos métodos agora condenados? Apenas diálogo, conversas, convencimento.

Ninguém os preparara para o que começava a ocorrer: por mais jeito, cuidado, carinho e promessas (sim, promessas entraram como elemento de convencimento, em muitas casas: *"Se você passar de ano, compro o patinete que você quer, aquele com motorzinho e todo iluminado..."*; ou: *"se você fizer o dever caprichado e com letra bonita, deixo você jogar aquele joguinho que você adora"*; e assim por diante!) não conseguiam a obediência dos filhos...

Que situação!!!

É claro que esse panorama não ocorreu em todas as famílias que adotaram o diálogo como método educativo, mas aconteceu em milhares delas. Em algumas ocorreu em proporção menor, em outras, maior, dependendo muito também da personalidade dos responsáveis.

O que podiam fazer? Não sabiam...

Bater, nem que fosse uma palmadinha no bumbum, botar de castigo também não podiam mais. Conversar com as crianças, podia. Mas não funcionava muitas vezes... E, com isso, a aprendizagem ficava prejudicada, e cada vez mais, porque se a criança perde o fio da meada, ou seja, se ela não aprendeu a tabuada de adição, adiante terá dificuldades na divisão, multiplicação, frações... as aprendizagens se dão em sequência, e muitas vezes uma depende da anterior.

Então, o que os pais fizeram? Ficaram paralisados, mudos, sem ação. Alguns, quando perceberam que não estava dando certo educar na base *apenas* do diálogo, rapidinho voltaram ao estilo anterior, só que muito atenuado, já que tinham agora consciência dos danos que a repressão poderia causar.

XI. Algumas consequências

O que não se sabia, e, portanto, não se falou a esses sofridos pais foi que tipos de danos essa nova metodologia poderia trazer (afinal, só se descobriu depois, na prática), essa em que os filhos, ao perceberem que podem dizer *não*, ou simplesmente *não fazer*, *não obedecer*, que fica tudo por isso mesmo e ponto final...

Não se falou, por exemplo, em uma das mais inesperadas consequências: hoje, o Brasil, segundo o IBGE (2022) detém um dos primeiros lugares do mundo em número de jovens da Geração *nem-nem* (que nem estuda, nem trabalha, em conceituação bem simples).

Parte desses jovens — que, também segundo o IBGE, já totalizavam mais de 10,9 milhões — vive e viverá, por toda a vida, à custa dos pais, sem produzir, subempregados, sem realizar, sem poder olhar para trás e dizer — *eu fiz, eu realizei, eu criei!*

Exagero? Talvez em alguns casos. Mas não em todos.

A nomenclatura *nem-nem* foi criada justamente para denominar o grupo de jovens, entre 18 e 24 anos, que não estuda e nem trabalha. Em sua defesa, é preciso referir que, grande parte desses, são os que não conseguiram concluir os estudos por questões financeiras, iniciando a busca por trabalho — mesma razão por que encontram grande dificuldade em se empregar... E quando conseguem, a remuneração é baixíssima, atingindo somente o salário mínimo, às vezes até menos.

Cria-se um círculo vicioso: começam a trabalhar cedo porque precisam ajudar a família, razão por que param de estudar. Por terem parado antes de concluir o Ensino Médio ou após o concluírem, só conseguem ocupação mal remunerada. Em geral, são jovens das classes C, D e E.

Um círculo vicioso tristíssimo: não estudam porque têm que trabalhar, e não conseguem trabalhar porque não estudaram!

A situação desse subgrupo de *nem-nem* só será vencida por ação das autoridades governamentais, *quando e se* implementarem medidas *realmente afirmativas* que possibilitem a esses rapazes e moças concluírem o Ensino Médio, com qualidade, diga-se de passagem. De nada adianta "facilitar" que concluam o Ensino Médio se não tiverem de fato aprendido as noções essenciais que lhes darão condições de trabalhar e obter uma remuneração minimamente digna.

Por esses jovens meu coração sangra, especialmente porque a inação de sucessivos governos os condena a uma vida sem perspectivas, a não ser em uns poucos casos — muito especiais e bem raros — de jovens que, apesar de todas as cruéis circunstâncias, conseguem superar essas tremendas dificuldades e progridem.

O mesmo estudo do IBGE revelou também que 4,7 milhões de jovens entre 25 e 29 anos não procuravam emprego nem estudavam. Nesse grupo se incluíam mais de *2 milhões de mulheres responsáveis* por cuidar dos afazeres domésticos ou de parentes.

Há outro subgrupo, constituído por jovens que, tendo condições, e pertencentes às classes A, B e parte da C, desprezam e jogam fora a grande chance que a vida lhes oportunizou: nasceram em famílias que os incentiva a estudar, que lhes oferecem boas condições, afeto e conforto e, ainda assim, decidem não aproveitar a boa estrela que os premiou com tantos fatores positivos.

Dentre esses, há os que frequentam a escola, mas não a levam a sério, sendo seguidamente reprovados, desperdiçando assim anos com bobagens inconsequentes — e o que é pior —, parte deles, em função dessa falta de projetos e de objetivos pode terminar voltando-se para drogas e bebida, ou quaisquer outros instrumentos de escape da realidade. Infelizmente podem fazê-lo porque têm quem os financiem e por não perceberem que a vida, mais adiante, lhes cobrará a conta dessa infeliz decisão. São aqueles que poderiam ter um belo futuro, porém decidem — já que podem dizer *"não"* aos pais —, não aproveitar o que a vida lhes ofereceu de mão beijada.

É mais uma das consequências negativas da tibieza dos pais que, inseguros, não conseguem ter autoridade sobre os filhos, que assim tomam as piores decisões e se condenam voluntariamente ao fracasso... Pais precisam ter autoridade e começar desde cedo. Com amor e carinho se pode ter autoridade. Uma coisa não exclui a outra. Há momento para amor e há o momento para exigir que se cumpram os combinados, por exemplo: estudar. Ou trabalhar. De preferência estudar até poder ter uma profissão na qual se engaje e que o sustente.

Sempre digo que temos duas grandes "sortes" na vida: a primeira é justamente nascer no seio de uma família com condições suficientes para propiciar comida, casa, conforto, afeto e estudo para seus jovens. Por incrível que pareça, parte desses (que têm possibilidade de estudar) decide levar a vida na flauta — razão por que ficam e continuarão na dependência dos pais, embora possam estar com 40 ou 50 anos.

A segunda é ter pais que têm clareza de objetivos e que conseguem colocá-los em prática com objetividade e persistência.

Há pais que não encontram em si forças para se opor e para assegurar e até exigir que os filhos completem os estudos e sigam em frente, para uma vida adulta e produtiva.

Mas como se faz isso — perguntam-me pais aflitos — *se meus filhos não me obedecem nem nas coisas mais simples?!*

Exagero? Absolutamente não. Ninguém, ou quase ninguém, a médio e longo prazos, pode viver saudavelmente, do ponto de vista psicológico sem um projeto de vida, sem objetivos concretos, sem nada a realizar ou conquistar, sem deixar um legado por mais simples que seja — sem ficar "socialmente doente". E ficam, muitas vezes, doentes mesmo — física e mentalmente.

Alguém poderia acreditar e afirmar que, tendo casa, comida, roupa lavada e dinheiro no bolso, ninguém fica infeliz. Sim, em princípio, posso até concordar. Não se iluda, porém. Talvez essa felicidade dure quatro, cinco anos, mas chega um dia em que, vendo os amigos com os quais convive e conviveu, produtivos, empregados ou empreendendo, com filhos e companheiros, fatalmente se perguntará:

"O que fiz da minha vida?"
ou
"O que estou fazendo do tempo que tenho aqui na Terra?"

A sensação de inutilidade, a compreensão de sua total limitação frente a essa constatação causa um grande abalo, que poderá se tornar intransponível, já que anos se passaram, e o tempo perdido é irrecuperável.

ALGUMAS CONSEQUÊNCIAS

Como chegamos a esse ponto? Por que tantos pais amorosos e bem-intencionados não estão conseguindo dar um rumo saudável a seus filhos?

Vamos tentar entender:

Ao deixarem de lado os castigos e as sanções, os pais ficaram sem instrumental educativo alternativo. Entenda bem: não estou dizendo que o castigo físico é que resolvia os problemas. O que estou afirmando é que os pais tinham certeza do que queriam que os filhos fizessem. E não tinham medo algum de afirmar, em alto e bom som, o que consideravam ser a atitude certa — a ser seguida, portanto.

Os pais eram claríssimos: o certo era certo; o errado era errado. Não havia tons de cinza. Era preto ou branco. Essa clareza se perdeu, devido à insegurança dos pais com relação ao que pretendiam aprovar e ao que reprovavam. À época, o que se dizia aos pais era: *dialogue, converse* com seus filhos.

Foram muitos, muitíssimos os que tentaram, tentaram e tentaram conversar, aconselhar, pedir e implorar por semanas, meses e anos até perceberem que utilizando apenas o *diálogo*, rapidinho ele parava de funcionar. E parava de funcionar tão logo seus rebentos, espertos como só, percebiam que nada lhes acontecia quando decidiam não fazer o que os pais orientavam — tão carinhosa e meigamente: que estudassem, que fizessem as tarefas escolares, que ajudassem um pouquinho no trabalho doméstico.

Foi o que passou a ocorrer — e continua ocorrendo — em grande parte das famílias — e nas salas de aula.

Como professora, assisti muitíssimas vezes esse processo ocorrer nas mais variadas situações, tanto na família quanto na escola.

Pais e professores ficaram, portanto, perdidos, sem saber como agir para alcançar seus objetivos — tão essenciais socialmente.

De tanto ler e ouvir que chamar a atenção ou proibir algo aos filhos poderia gerar algum problema emocional ou, no mínimo, frustraria a criança — os pais, amando tanto os filhos como a maioria ama —, passaram a quase não mais orientar, nem reprovar atitudes negativas. Exigir, então, nem se fala! E os que o faziam era de forma tão suave e tímida, que as crianças e os jovens decodificavam imediatamente como *licença para fazer o que quisessem*.

Quem defendia a ideia de que apenas o diálogo surtiria o efeito educacional desejado achava que a criança entenderia a racionalidade do que lhes explicavam e, assim, deixariam de lado as atitudes inadequadas, perigosas ou incivilizadas. Que ingenuidade...

Assim, com muito medo de "traumatizar" os filhos, quem antes educava se intimidou e recolheu.

Agora, imagine um pai — que não tem coragem de chamar a atenção do filho — ouvi-lo contar que *"o professor tal não gosta dele"* ou que *"o professor Fulano só castiga a ele"*; ou ainda que *"ele sempre leva a culpa de tudo o que acontece em sala de aula!"*.

Imaginou? Consegue descobrir o que esse pai faria em seguida? Sim, isso mesmo, iria correndo à escola "fazer queixa" desse docente! Ou até mesmo exigir sua demissão. Sim, ocorre... e não poucas vezes...

Mais um passo em direção à impunidade.

XII. Reciprocidade, necessidade absoluta

Com pais e professores acuados, as exigências de reciprocidade, que anteriormente se fazia, foram deixadas de lado, e com isso também se deixou de desenvolver nas crianças hábitos e habilidades fundamentais — como gratidão, por exemplo. Percebe-se atualmente que muitos jovens agem como se tivessem direito a tudo, como se tudo lhes fosse devido.

Observando grupos de pais com seus filhos hoje pode-se ter a clara impressão de que, de alguma forma mágica, voltamos aos tempos dos reis e imperadores, os quais podiam exigir dos súditos o que lhes desse na telha e, se não atendidos, poderiam decidir puni-los até com a própria vida, já que seu poder era realmente absoluto. Só que, olhando bem, percebe-se que os imperadores agora são as crianças. Os pais? Seus súditos inseguros e tímidos. Não que eles estejam felizes nessa situação, mas ouviram tantas vezes afirmarem que negar ou ralhar poderia ser prejudicial às crianças que acabam convencidos disso... Então o que se ouve é a mãe ou o pai implorando várias e várias vezes:

"Filho, mais 10 minutos só, tá? Papai já está em casa há um tempão!"

ou

"Meu amorzinho, agora não dá para esperar mais, você prometeu que ia sem chorar!"

Tudo ficou bem mais difícil com os novos *imperadorezinhos*...

Gosto de chamar reciprocidade de *"cobrança do bem"*: considero-a importantíssima e necessária, porque traz consigo um objetivo fundamental — a formação de hábitos, atitudes e habilidades sociais, os quais, mais adiante, irão influenciar praticamente em tudo na vida: desde os projetos de cada indivíduo até a forma como atuam para alcançar seus propósitos.

Quem não aprende a dar e cresce acreditando que tem direito a tudo, quase com certeza, mais adiante, terá sérias dificuldades de se adaptar à realidade da vida, que nos exige contrapartidas sempre...

Crianças e jovens que crescem sem que lhes ensinem a necessidade de retribuir, de agradecer, de ser amigo de quem lhes é leal terão muitos desgostos quando se defrontarem com as consequências dessa falta de reciprocidade, porque a vida cobra sempre... Então, frente a esse desafio, e sem contar com seus pais superprotetores, aprenderão, da pior forma, que ninguém lhes dará absolutamente nada de "mão beijada". E o tombo será grande, porque a tendência de quem recebe benesses é esperar que tudo continue dessa forma privilegiada sempre — e não é o que acontecerá o mais das vezes. A decepção será enorme. Mais saudável — e até mais justo — é prepará-los para a realidade da vida. As pessoas são boas e legais, mas esperam que os outros retribuam as delicadezas que se sucedem na vida de relação: seja no trabalho, na vida afetiva e na relacional.

Ao se depararem com a batalha que é a vida diária (trabalho, estudo, doença, problemas financeiros etc.) e com os percalços que inevitavelmente ocorrem — especialmente aqueles que gostam apenas de receber porque não foram ensinados a dar, somente a receber —, sentirão, no mínimo, enorme frustração porque não foram preparados para a realidade que lhes parecerá injusta, o que poderá provocar a sensação de que foram *enganados* pelas pessoas em que mais confiavam (os pais ou quem os criou). E quem se sentiu enganado poderá deflagrar uma luta ferrenha — declarada ou não — pela manutenção do que considera um privilégio que lhe está sendo usurpado ou negado. Afinal, ninguém gosta de perder o que já considera "seu direito".

Quem não aprendeu que a cada direito conquistado há um dever em contrapartida, amargará grandes decepções, porque quase sempre há percalços e problemas na rota do sucesso. Raramente se galgam degraus, seja no trabalho ou nos relacionamentos, sem ter desenvolvida a capacidade de tolerância à frustração e de adiar satisfação (resiliência). E somos nós, pais, que temos que ensinar isso aos filhos, começando logo cedo com os "nãos" do dia a dia. As primeiras pequenas frustrações. Altamente necessárias. Muitos são os pais que evitam, a todo custo, tais situações, julgando com isso estar protegendo os filhos, quando na verdade os estão enfraquecendo, porque não os estão treinando para conviver com os "nãos", os muitos "nãos", que temos que ouvir na caminhada da vida diária. Saber tolerar esses *nãos* e prosseguir sem nos alterarmos é que nos leva a ouvir o *sim* maior que nos interessa, a vitória real de um posto alcançado, ou de um objetivo conquistado.

Claro que estou me referindo a *pequenas* frustrações — como negar ao seu filho um brinquedo a mais, quando ele já tem tantos, daí você não compra e ele chora, mas chora de verdade e com vontade, as lágrimas já lhe molham a camisa, e você sente seu coração se dilacerar. Mas sabe que esse carrinho que não comprou foi um "não" importante para ele compreender que haverá outros depois, e mais outros e outros e tudo bem que seja assim, aos poucos ele entenderá o mundo...

E você também dirá "não" quando ele puxar o cabelo da amiguinha de quem tanto gosta, e ralhará com ele, de cara feia e zangada, mas feliz por dentro, ao ver que ele já está "atrás das garotinhas" e com muito orgulho, contará à noite, na cama, para o papai dele, que também se orgulhará e se derreterá. E ambos se cumprimentarão, não só por terem um filho tão fofo, mas também por estarem ensinando-o a ser um lorde no futuro, um rapazinho que todas as mães amarão e desejarão ter por genro... sim, são esses os "nãos" que você terá que dizer — e dirá com segurança de que está dando o que seu filho precisa: amor, carinho, segurança — e limites sociais.

Se até para quem tem consciência de que é preciso lutar para conquistar espaço na sociedade é difícil, imagine para quem ignora esse fato, e supõe que subir rapidamente e sem empecilhos lhe é devido e obrigatório! Terá que *cair do cavalo* várias vezes até compreender o que é a concorrência, a luta para vencer e subir cada pequeno degrau na vida. A visão equivocada ou falseada da realidade poderá conduzir o indivíduo até mesmo ao fracasso, decorrente da incapacidade de superar a desilusão frente à realidade. Então esses "nãos" (e serão muitos até ele se tornar um adulto preparado para a vida) que você diz, mesmo que com o coração apertado, são de enorme valor para treinar seu filhote para a vida.

Hoje, não são poucas as pessoas que relatam desentendimentos e rixas no trabalho entre empregados que têm titulação e experiência, colegas com mesma qualificação, porém ainda com pouca experiência. Os desentendimentos se tornam especialmente visíveis se um profissional mais antigo é indicado para um posto mais elevado ou de chefia, em detrimento de outros mais jovens, especialmente se forem da chamada Geração Z (que receberam muito poucos limites dos pais e podiam fazer quase tudo que quisessem). Se um deles esperava ou desejava ser indicado e não o foi, poderá criar um ambiente hostil ou tentar solapar tudo que o novo chefe propuser, já que não aprendeu a ser contrariado. Há evidentemente "n" outras formas, mais ou menos veladas, de demonstrar a não aceitação de uma medida, ou forma de trabalhar de um chefe ou superior hierárquico que podem tornar irrespirável o ambiente profissional.

Os jovens que hoje têm entre 17 e 29 anos são os que estão, aos poucos, chegando ao mercado de trabalho. Sua tendência — como é natural — será de repetir o modelo de conduta a que se acostumaram na infância e nos anos iniciais da adolescência. Daí a importância do trabalho dos pais.

Deixando mais claro:

Se esse grupo de jovens habituados a fazer somente o que querem, quando querem e como querem, persistir nesse tipo de conduta, das duas, uma: ou terão grandes dificuldades para se adaptar à realidade do ambiente de trabalho ou poderão criar dificuldades no ambiente laboral. Ambas as opções só trazem dificuldades a si próprios e aos demais...

Já se percebe, aliás, certa tendência nas empresas de evitar contratar jovens da Geração Z, por vezes preferindo contratar idosos em seu lugar!

Portanto, se os jovens desse grupo não aprenderem rapidinho a ouvir com equilíbrio e maturidade um *não*, e se não compreenderem que precisam aceitar por vezes serem contrariados, pode-se imaginar como será complicado conviver com eles. E não apenas no trabalho — em todos os âmbitos!

Felizmente, boa parte dos Gen Z acaba mudando de atitude frente à realidade. Depois de "apanhar" e ter algumas decepções, naturalmente. Sim, parte deles vai sofrer um pouco, mas conseguirá, creio eu, compreender a tempo a realidade e amadurecer, mudar de atitude. Nem todos, porém.

Esses que mudam são, em geral:

- aqueles que têm sensibilidade suficiente para perceber que a forma pela qual os outros agem — diferentemente da sua própria — traz melhores resultados tanto no trabalho como na vida pessoal, e daí resolvem se esforçar para mudar de atitude;
- aqueles que compreendem que suas atitudes estão lhes trazendo problemas (ou derrotas);
- os que já tiveram algumas perdas afetivas (amigos ou namorados que se afastam devido às suas atitudes);

Enfim, seja qual tenha sido a razão — alguns entendem que precisam mudar. E mudam, mesmo que seja difícil; na verdade, mudar — em qualquer situação — depende muitíssimo de uma decisão pessoal; não é o único fator de mudança, mas é, com certeza, o mais importante e decisivo...

Por outro lado, já se percebe também, por parte da Gen-Z, uma atitude inusitada: a demissão "por vingança"; em outras palavras, o abandono do emprego sem sequer justificar ou ouvir a chefia imediata, apenas por se sentir contrariado em algum objetivo pessoal ou por alguma atitude do seu superior com a qual discordou e, por essa razão, "some" da empresa, abandonando o posto para unicamente causar embaraço e mostrar seu desagrado. A Gen-Z, em geral, não se apega ao emprego ou à empresa.

XIII. Como agir com os que não mudam

Reciprocidade, esse termo que estou usando aqui, nada mais é do que a atitude de gratidão que nos leva, a nós, cidadãos justos e civilizados, a retribuir o que fazem de bom por nós — e, o que é o seu principal diferencial: *gostando de fazê-lo!* Sim, reciprocidade é isso: quem faz algo de bom desperta em quem é "gente de bem" — como nossos filhos chamam — o desejo de retribuir de alguma forma o bem que nos fazem ou fizeram. Esse *bem* pode ser apenas cumprimentar a pessoa com um bom-dia sincero, acompanhado de um sorriso simpático sempre que a encontra, mas pode ser também o oferecimento de ajuda numa hora de necessidade, do tipo ajudar a descarregar as compras que a pessoa fez, se você a encontra carregando muito peso.

Viram como é simples? São coisas fáceis de fazer, corriqueiras, mesmo que, às vezes, envolvidos nas tarefas e na correria diárias, esqueçamos de transmitir aos filhos, até porque estamos nos sentindo "sem tempo"... Mas lembremo-nos de que esses poucos minutinhos a mais que gastamos com nossos pimpolhos — a cada dia — farão muita diferença quando chegarem as fases difíceis de convivência entre pais e filhos: a adolescência, por exemplo, que, assim, não será mais tão difícil porque já teremos plantado o que agora estaremos colhendo...

Vale super a pena, não concorda?

Como pais, fazemos isso o tempo todo: nos doamos anos a fio — e é normal que assim seja. Mas também é natural esperar que nossos filhos nos retribuam o zelo e a dedicação ao menos com um sorriso, um "obrigado(a)", um beijinho ou com gestos que demonstrem seu amor por nós. Se já forem adolescentes, não espere que isso ocorra com frequência, nem com amigos por perto, bem entendido, certo? E que só ocorra uma vez por mês...

O que quero colocar é que infelizmente há um grupo de pessoas — e não são tão poucas — que não sabe o quanto a reciprocidade é vital para o sucesso afetivo e mesmo profissional; não percebem e não aceitam essa simples realidade de que todos queremos receber gratidão, afeto e reconhecimento pelo que damos em termos de atenção, carinho e até de trabalho; e assim continuam vida afora — infelizes, sentindo-se injustiçados, sem compreender que o que os está afastando dos demais é a sua própria maneira de ser.

Então se podemos atuar precocemente, de forma a ajudar nossos filhos e alunos evitando-lhes dissabores num futuro que se avizinha problemático, por que não o fazer?

Uma boa forma de colocar isso em prática é fazer com que vivenciem a *contrapartida (reciprocidade)* em diferentes situações da vida prática. Vou dar alguns exemplos de como fazer compreender a necessidade de reciprocidade:

Suponha que seu filho adora que lhe tragam um lanchinho quando está assistindo a tevê, e você, mãe/pai dedicada(o), faça isso várias vezes a cada semana, feliz por agradá-lo. Tudo bem. Tudo certo. Porém, para que ele comece a entender a contrapartida, em um outro dia, peça-lhe que vá buscar (dependendo da idade e do nível de independência, logicamente!) a pipoca ou os biscoitos para acompanhar o filme a que irão assistir. Costuma dar bom resultado, desde que feito com segurança e carinho: *"Ah, filhinho, faz hoje a pipoca para nós?"*, e não esqueça de elogiar quando ele fizer — mais ainda, se o fizer de boa vontade! Assim se ensina retribuição: na prática!

Infelizmente, a reciprocidade vem sendo abandonada — a cada dia mais — em função de uma interpretação equivocada, segundo a qual "cobranças" seriam negativas *sempre*. A ideia subjacente seria a de que *quem dá alguma coisa a alguém não deve esperar nada em troca*. Ou seja: se você dá amor, não deve esperar ser amado, pelo contrário, deve se satisfazer unicamente com o amor que doa. Se você ajuda uma pessoa, não deve esperar nada, nem gratidão. Deve ficar feliz por fazer o bem — e pronto! Se você doou seu tempo a um amigo com problemas, se o ouviu, aconselhou, apoiou etc., não deve esperar que, numa situação semelhante de necessidade, ele o apoie como você fez.

Esse é o enfoque da não reciprocidade...

O princípio em que se baseia tal ideia é de que *quando se faz uma boa ação, deve-se fazê-la desinteressadamente*. Muito lindo, sem dúvida... E bem difícil de acontecer na vida. Pense comigo: acredito que é natural e humano que quem se doa deseja receber — ao menos — gratidão. Se damos amor, queremos receber amor — ou, ao menos, carinho... Assim como quando nos dedicamos a uma causa, queremos resultados, parece-me humano e realista pensar que todos queremos receber *alguma coisa* em retorno ao que fazemos. Cada pessoa sabe o que a faz se sentir recompensada. Para uns, um olhar afetivo e carinhoso é suficiente; outros têm necessidade de verbalização, de ouvir "obrigado, você é um amor"; já outros precisam de um abraço... Somos diferentes: seres diversos com necessidades diversas. E tudo bem que assim seja.

Não concordo com a afirmativa de que as pessoas não esperam *nada* em troca do que fazem. Creio que é natural que se deseje retribuição. Talvez não se espere nada de material, e sim algo ligado às emoções... Não se trata de "pagar" o ato que o beneficiou, mas sim de demonstrar que se sentiu feliz, que gostou, que esperava isso mesmo de uma pessoa como você... É o tipo de "troco" que faz bem a todos — e que não custa nada! Sim, creio que a maioria de nós espera, sim, *reciprocidade*... Muito diferentemente de "pagamento"...

Imagine: você é a esposa que está preparando um jantarzinho-surpresa simples, mas muito carinhoso para o maridão, daí ele chega e encontra mesa posta, comida quentinha e cheirosa, bem-feita, a sobremesa deliciosa que ele mais ama... tudo feito com carinho (nos dias de hoje está meio difícil encontrar esposa que vá para a cozinha fazer surpresa para o marido...). E então, ele se senta e come tudo, devora o prato em minutos e depois lhe diz "quando você entra na cozinha, já sei que vou comer como um príncipe!" Pronto, que recompensa boa... No entanto, se ele come vorazmente e depois sai da mesa rapidinho, sem uma palavra, sem um comentário ou elogio e vai assistir a tevê...

Hum, não sei se alguém iria pensar — em sã consciência — "tudo bem".

Alguém disse, num dia cinza, que querer receber quando se dá algo não é dar de coração, porque quem dá de verdade não espera nada em troca...

Será?? Não creio!

Pode-se até insistir na empreitada, mas, se nada mudar, em pouco tempo a amargura e o desestímulo ocuparão seu coração. E aí, ou se desiste do objetivo ou se vai procurá-lo em outro lugar.

É da natureza humana saudável desejar a contrapartida. Não necessária ou obrigatoriamente em igual medida, nem as atitudes precisam ser do mesmo teor — porém, algum tipo de "recompensa" (reciprocidade) é esperada, sim... E isso é normal. Ter retorno é saudável.

Vejamos alguns exemplos, para ficar bem claro o que estou tentando dizer:

- *Você é pai ou professor, gasta minutos, horas, semanas, anos educando seus filhos e alunos. Sim, anos e anos! Tarefas educacionais como formação ética, por exemplo, geralmente levam muito tempo, anos, para se completarem com sucesso: Será mesmo que nós, pais e professores, nada desejamos em troca de nossos esforços? Desejamos, sim, que aprendam a ler, a escrever, a fazer contas, que respeitem os mais velhos, que tenham consideração e respeito com os idosos etc. Se nada resulta do nosso empenho, o que as pessoas fazem, geralmente? A tendência é desistir — e, no caso específico dos pais, a desistência só acontece muito depois e após mil e uma tentativas e anos de dedicação...*

- *Ainda em se tratando de família, quem não deseja que os filhos aprendam a dizer obrigado, quando recebem uma delicadeza? E que, à mesa, comam educadamente? E que sejam solícitos com os mais velhos, que respeitem as autoridades e assim por diante? Quem diz que não se espera nada em troca de anos de dedicação não conhece a alma humana!*

- *Carinho, zelo e dedicação não alimentados se esvaem com o passar do tempo, deixando em seu lugar o vazio, a tristeza e, às vezes, até mesmo o rancor.*

- *Excluo daqui os casos patológicos, em que a pessoa busca e gosta de "se sacrificar", porque é essa sensação (de vítima infeliz) que lhe faz* bem; são casos em que a recompensa é exatamente se sentir injustiçado: é essa a reciprocidade de que esse tipo de pessoa precisa para se sentir atendida. No entanto, como deixei claro, é um distúrbio! A maioria das pessoas saudáveis emocionalmente querem e gostam de ver que seus esforços não foram em vão — querem resultados!

- Todos queremos ser recompensados (e aqui não estou falando, de forma alguma, em compensação financeira). Quem dá amor deseja receber amor. Quando nos dedicamos a uma causa, queremos resultados. É natural, é saudável.

- A recompensa pode ser apenas afeto e consideração. Em muitos casos é o que basta.

- Um exemplo: imagine um jovem que adora natação, nada bem em todos os estilos e que todos incentivam a ir adiante; frente a tanta confiança, decide participar de competições e o faz por vários e vários meses, buscando todos os certames de que toma conhecimento; jamais, porém, consegue uma classificação significativa, ficando sempre fora da classificação final. Completa todos os percursos, conhece todas as piscinas, mas premiação? Nada. Naturalmente, depois de muitas tentativas infrutíferas, e diante do resultado, o que é de se esperar? Que reconheça seu limite — nadar bem, em vários estilos —, mas que não tem o perfil nem as características que poderiam levá-lo à vitória. Resolve então parar de competir e elege natação como seu esporte predileto, apenas para se exercitar e somente quando tiver vontade. Tomada a decisão, sente-se feliz e aliviado: de forma sensata e equilibrada reconheceu um limite pessoal. Não foi uma derrota, mas o reconhecimento de que aquilo (competição) não era para ele. E segue a vida, nadando quando quer e tem vontade. Perfeito!

- *Por mais que, de início, tenha tido desejo de competir, percebeu que esse não era um objetivo seu, mas algo que os outros lhe haviam imposto. Até compreender que não era seu o projeto. Então ter desistido não representou uma perda, ao contrário, foi um alívio. Que bom seria se todos tivéssemos esse tipo de percepção e maturidade!*

Mas será que funciona, dessa mesma maneira, em se tratando de crianças e jovens *em formação?*

Crianças e jovens que, desde pequenos, recebem tudo o que querem, sejam coisas materiais (roupas, passeios, brinquedos etc.) ou não (carinho, atenção, elogios etc.) *sem qualquer exigência de reciprocidade*, crescem, na maioria dos casos, achando que *merecem* tudo, que têm *direito* a tudo — sempre e *independentemente da forma pela qual se comportam e agem*. Claro está que — vivendo desde pequeninos assim, tendo tudo o que desejam na hora que manifestam o mínimo desejo —, levarão para a vida adulta tal expectativa e modo de agir, seja nos relacionamentos de trabalho, seja nos afetivos.

E como não sentiriam assim, se os próprios adultos lhes estão mostrando o mundo dessa maneira?

- *Se sendo esforçados, educados e estudiosos, ou relapsos, desagradáveis e grosseiros recebem as mesmas benesses, por que agiriam de outra forma? Afinal, ninguém lhes mostrou que ser enfastiado, grosseiro e indelicado tem consequências negativas...*

- *Por que seriam estudiosos (crianças e jovens não costumam pensar a longo prazo) se preferem jogar bola a estudar e conjugar verbos? É preciso que alguém lhes demonstre — e claramente — que, dependendo de como agem, terão bons ou maus retornos agora e mais adiante na vida!*

- *Para que levar a roupa usada até o cesto que fica lá longe, na área de serviço (!!!), se deixando na cadeira ou a jogando no chão alguém depois a leva ao seu destino?*

- *Por que guardar educadamente as coisas em seus devidos lugares se pode chutar o brinquedo que lhe dificulta o caminho e ninguém o sanciona?*

- *Por que estudar de verdade se, quando apresenta resultados pífios, todos em casa acreditam quando, em sua defesa, ele lhes diz que os professores o perseguem?*

- *Por que dividir trabalho com os membros da família se não precisam arrumar a própria cama, se deixam os pratos usados na mesa de cabeceira do quarto, em vez de levar à cozinha, e ninguém os reprova ou exige conduta diferente?*

Vivendo assim desde sempre, as crianças crescem sem noção de reciprocidade, folgadas, mal-acostumadas e sem limites; e é quase certo que terão a expectativa de que será assim sempre! O mais grave e preocupante: terão certeza de que são pessoas que tudo merecem!

E, cá entre nós: a culpa é delas?

Certamente que não, afinal sua cômoda vivência não lhes mostrou o mundo real, e o tempo todo seu entorno só corroborou para que assim continuem.

Daí pergunto a você:

- *Dar tudo que as crianças querem, deixar que façam tudo e tão somente o que estão com vontade de fazer — sem que tenham que dar nada em troca do tanto que recebem —, fará surgir na sociedade pessoas melhores e melhores cidadãos?*

- *Se você pensa que o que seus filhos fazem não tem repercussão na sociedade — afinal eles são apenas criancinhas lindas e fofas —, por que será que, cada vez mais, nos deparamos com pessoas se queixando das novas gerações? Por que nos chegam, por diversos meios e através da web principalmente, mais e mais vídeos afirmando que as últimas gerações que respeitaram os pais e os mais velhos estão se acabando (referindo-se às gerações X e Y)?*

- *E o mais preocupante: quem se sairá melhor, frente à dureza da vida real, em que se prevê um futuro com cada vez menos postos de trabalho e centenas de competidores: os arrogantes, que se acham com direito a tudo, os tímidos que não se conseguem fazer ouvir, ou os preparados para competir com elegância, educação e competência? Nem preciso responder, não é mesmo?*

Mas como chegar a esse perfil?

Aliás, e a propósito, vale fazer uma pequena recordação do perfil das pessoas nas diferentes gerações para que você, querido leitor, possa entender melhor e analisar o que vamos colocar logo a seguir.

Em tempo: *Gerações* são grupos de pessoas nascidas em uma mesma época e influenciadas pelo mesmo contexto histórico, político e social em que cresceram, contexto esse em geral relacionado aos fatos impactantes ocorridos na evolução da sociedade naquele período. Por terem nascido numa mesma época, sofrem influências semelhantes, razão por que cada geração desenvolve características próprias e semelhantes, que influenciam seus hábitos e comportamentos — geralmente diferentes das demais gerações com que convivem.

Segue-se um brevíssimo resumo, bem resumidinho mesmo, das diferentes gerações que hoje convivem no mundo:

1. **Veteranos:** Nascidos na primeira metade do século XX, viveram a Segunda Guerra Mundial. Não são muitos os remanescentes, mas, em termos de trabalho e convivência, são pessoas disciplinadas, que respeitam a hierarquia e que, em geral, permanecem no mesmo emprego anos a fio, por vezes toda a vida laboral. No trabalho e na vida privada mostram-se leais e compromissados, estabelecendo vínculos de longo prazo.

2. **Baby Boomers:** Reúne as pessoas nascidas entre os anos 1945 e 1964 aproximadamente (há autores que a definem com alguns anos a menos ou a mais). O nome se deve ao fato de terem nascido durante o Baby Boom (Explosão de Bebês, em tradução livre), época em que a taxa de natalidade disparou em vários países anglo-saxônicos, sobretudo nos Estados Unidos, Canadá e Nova Zelândia, depois de a Segunda Guerra Mundial ter terminado. Tiveram, portanto, suas vidas marcadas por esse contexto. Em consequência, buscam estabilidade e lutam com vigor por melhores oportunidades na vida. Valorizam a família, a paz, a carreira e a estabilidade financeira, que acreditam deve vir da competência que conduz à realização profissional e pessoal.

3. **Geração X:** Composta pelos nascidos entre os anos 1965 e 1980, influenciados, portanto, pela Guerra Fria. É a geração que acompanhou o início da revolução tecnológica, com o surgimento do computador pessoal, da web e do e-mail, entre outros fatos marcantes.

4. **Geração Y ou Millenials:** São os nascidos entre 1981 até meados da década de 1996. Foram os primeiros a vivenciar em suas casas a conectividade proporcionada pela tecnologia

e a expansão tecnológica. É o grupo de pessoas que vive uma realidade competitiva, mas apresenta perfil inovador e criativo para lidar com as dificuldades.

5. **Geração Z ou Gen Z (Gen de Generation):** São os adolescentes e adultos jovens nascidos entre 1997 e 2010. Não conheceram o mundo sem a moderna tecnologia, parece terem nascido conectados, devido à democratização do acesso a celulares, computadores e tablets. Compreendem e conseguem utilizar, com muita facilidade, as ferramentas tecnológicas e as redes sociais, afinal já nasceram dentro dessa nova realidade. Costumam ser curiosos e multitarefa.

6. **Geração Alfa:** Compreende os nascidos após a Geração Z, a partir de 2010 e que estão atualmente entrando na adolescência. Alguns autores consideram como início 2011, 2012 ou mesmo início de 2013, tendo 2024 como seu final, mas esse dado ainda poderá sofrer mudanças. Batizada com o nome da primeira letra do alfabeto grego, a Geração Alfa é a primeira a ter nascido totalmente no século XXI. A maioria dos membros são filhos da Geração Y. Ainda não se pode afirmar que características a definirão, tendo em vista que a maioria ainda está em formação.

Embora os remanescentes da Geração dos Veteranos sejam poucos, temos cada vez mais nonagenários e octogenários entre nós, graças às conquistas das ciências que permitiram o alongamento de nossa estada aqui na Terra. Temos, portanto, seis gerações convivendo, cada uma delas com características próprias e diversas, como acabamos de ver. Provavelmente é a primeira vez que se tem tantas gerações simultaneamente em condições de realmente *con-viver*.

Resta saber se estão *convivendo* de fato ou apenas *vivendo ao mesmo tempo*, o que é totalmente diferente...

Conviver significa viver junto e em harmonia, trocando experiências, afetos, desafetos, amores, conversando, por vezes brigando e se desentendendo, mas se amando, e por isso de novo se entendendo... enfim, realmente trocando...

Parece que isso, porém, não vem acontecendo tanto quanto se desejaria, especialmente, entre duas gerações, os pais e seus filhos, por exemplo. Tenho visto e ouvido muitos relatos de pais e seus filhos adultos que quase não se falam, pouco se veem; e quase não se visitam... uma tristeza! E há também os rompidos, que realmente não se falam e não se veem! Uma tristeza muito grande para pais no final de suas vidas certamente é não ver seus netos crescerem, ou pior ainda, não conhecer seus netos!

Tanta mudança e tantos avanços produziram muitos efeitos, é claro. Alguns deles positivos, maravilhosos, e outros nem tanto, infelizmente. Também modificaram muito a forma de as pessoas e as famílias se relacionarem.

Essencialmente aqui, para nós, importa reconhecer que a liderança — tanto da família, quanto dos docentes e da escola sobre os jovens — continua a ser vital. Talvez até ainda mais do que anteriormente.

E por quê? Porque, como vimos, a Geração Z (os novos adultos), que tão bem utiliza a web e as modernas tecnologias, não parece estar, apesar disso, mais feliz ou mais bem formada do que as gerações anteriores. Dezenas e dezenas de artigos e estudos são publicados, a cada dia, sobre o aumento da depressão e do suicídio entre jovens — o que é assustador.

O suicídio tornou-se problema de saúde pública em todo o mundo. Para se ter uma ideia, de acordo com a Organização Mundial da Saúde (OMS), morrem mais pessoas por suicídio do que por HIV, malária, homicídio e câncer de mama. E pasme! Entre os jovens de 15 a 29 anos, o suicídio é a *quarta causa de morte mais comum*, depois apenas de acidentes no trânsito, tuberculose e violência interpessoal.

A taxa de suicídio entre jovens cresceu *6% ao ano* no Brasil entre os anos de 2011 e 2022. O número foi maior que na população em geral, cuja taxa de suicídio teve crescimento médio de 3,7% ao ano. Esses resultados foram encontrados na análise de um conjunto de quase 1 milhão de dados, divulgados em um estudo recém-publicado na The Lancet Regional Health — Americas, desenvolvido pelo Centro de Integração de Dados e Conhecimentos para Saúde (Cidacs/Fiocruz Bahia), em colaboração com pesquisadores de Harvard. Grande parte desses casos tem relação com doença psiquiátrica, *mas não só*.

Por isso é tão importante que nossa atuação — de pais e professores — esteja muito bem definida, para que possamos agir com eficiência e eficácia em relação a esses jovens que estão começando a vida e quase chegando ao mercado de trabalho. Como pais, precisamos estar atentos para evitar que tantos desistam da vida por depressão e falta de objetivos. Para isso é necessário, fundamental e urgente pensar e analisar a forma pela qual atuamos com nossos jovens. Há várias formas de interferir — positivamente — no processo de formação da cidadania, que é, como sempre digo, a principal função parental e educacional.

Vamos pensar juntos agora sobre isso?

- *Será que esses jovens e crianças que se acostumaram a somente receber, sem nada dar em troca, e dos quais tanto os adultos se queixam, nasceram com "defeito de fábrica"?*

- *Será que o egocentrismo exacerbado — que só cresce — vem ocorrendo por algum engano da Biologia ou da Genética?*

Claro que não!!!

Não seria plausível pensar que a sociedade, a família e o mundo falharam, levando nossos jovens a uma falta de perspectiva, a esse desespero, que os faz renunciar à própria vida, nosso bem maior?

Será que o excesso que estão tendo — *de tudo* — lhes fez faltar um projeto de vida, objetivos pelos quais lutar, uma luz, enfim, no fim do túnel?

> *Que fique claro que estou ciente de que o que vou apresentar a seguir, não é a única razão, mas é uma das poucas sobre as quais temos poder de agir, por isso a ressalto!*

Quando se educa fazendo tudo que a criança quer (justificando com afirmativas do tipo: *"A vida é uma só"*, ou *"Eu posso fazer isso porque meu filho merece"* ou qualquer outra razão), é preciso saber que eles crescerão com essa convicção, se desenvolverão egocentrados, mimados, e, especialmente, alienados do que realmente encontrarão vida afora. Passam anos tendo todos seus desejos atendidos, às vezes até mais do que atendidos: adivinhados!

Já experimentou deixar um espaço para eles terem pelo que lutar, trabalhar, estudar e vencer na vida?

É muito importante os jovens saberem *por que e pelo que estão vivendo*. E que não seja por um par de sapatos a mais, ou um novo piercing na língua!!!

Então, leia, pense muito bem e depois responda para si próprio(a):

- Seu filho lhe trata com carinho, respeito e a deferência que merece quem o pôs no mundo e ainda lhe ofereceu e oferece tantas vantagens?
- A maior parte do tempo seu filho é cordato, educado com vocês, seus pais, com os avós e os irmãos?
- Está pronto a colaborar em alguma tarefa de que você necessite e lhe peça ajuda?
- Você fez e deu tudo que seus filhos mostraram desejar por amor, sim, por amor, mas esqueceu-se de verificar se essa doação sem fim os está realmente tornando cidadãos exemplares, pessoas que lhe dão orgulho de apresentar em qualquer reunião ou ocasião em que você se reúne com a família ou amigos?

É importante você observar as atitudes do seu filho. São elas que lhe dirão se o caminho trilhado está sendo apropriado e se trará consequências positivas. E não apenas observar, mas agir de acordo. Se ele é um amor e sempre se comporta de forma coerente e civilizada como vocês o tratam, ótimo. Se, pelo contrário, por mais que vocês lhe deem, ele nunca parece satisfeito nem disposto a partilhar ou ajudar em nada. Então, está na hora de rever sua atuação como pai.

Você fez tudo o que seu filho pediu, porque quis, você deixou tudo que ele quis, porque achou mais fácil. Ou até achou que devia "fazê-lo feliz", mas não, essa não é a tarefa importante dos pais. Primeiramente, porque ninguém é responsável pela felicidade de ninguém. E depois porque, como já discutimos aqui, a reciprocidade deve ser uma qualidade a ser desenvolvida pelos pais com seus filhos.

Talvez os pais de hoje não estejam percebendo quais as reais necessidades de seus filhos. Só para dar um exemplo: você já percebeu, quando assiste a um jogo de futebol, na tevê, quantas mães e pais estão lá presencialmente, com seus bebês de meses ao colo? E chegou a pensar que esses bebês ainda não tinham imunidade para estar em meio a multidões? Sim, não tinham ainda todas as vacinas que previnem doenças muito sérias... Então por que levar seu bebê a um local onde ele pode contrair uma doença, que pode até ser fatal? A pergunta real que quero fazer é: quem estava atendendo a quem? Com toda certeza, eram os pais que queriam ir ao jogo, não a criança.

Então o que vemos hoje é o exagero tomando conta de muitos pais, não de todos, mas de muitos. E do que necessitamos para resultados positivos e felizes com nossos filhos é de *equilíbrio*. Antes de mais nada, e em tudo: *equilíbrio*. Portanto: nem se achar responsável pela felicidade do filho, comprando mais um tênis ou deixando que ele não faça as tarefas que a escola determina, como tampouco colocando em risco a saúde e a vida da criança por conta de uma distração ou uma partida de futebol a que você quer porque quer assistir.

A palavra de ordem para tudo terminar bem é esta: *equilíbrio*. Se você quer demais ver o jogo do seu time preferido, vá assistir; e deixe seu marido cuidar do filhote — que também é dele. Na próxima vez, invertam-se os papéis... E assim todos ficam atendidos, e seu filho protegido.

Como digo à frente, aqui no livro: quem decide ter um filho precisa saber que terá que renunciar a muitas coisas no percurso, até que a criança se transforme num adorável cidadão, que você, com otimismo, disposição e equilíbrio, trouxe para a sociedade e para o mundo.

Não tem tarefa melhor nem mais importante...

E isso é muito diferente do que fazer tudo que a criança quer, ou de comprar tudo que ela minimamente desejar... Também é muito diferente de compreender que algumas renúncias você terá que fazer, mas serão renúncias que valerão a pena: por exemplo, comprar uma bota ortopédica que o pediatra indicou como necessária e é muito cara... Daí você renuncia a uma blusa de que estava precisando e usa a antiga mesmo, priorizando a saúde do filhote. Certíssimo!

Filhos mimados, que ganham tudo que querem e não precisam nem ao menos demonstrar gratidão, tomam um enorme tombo quando se dão conta do que realmente é a vida e o mundo — o impacto emocional é muito grande. Temos que cedo mostrar a nossos jovens o que é a vida, e a importância de se ter um projeto, algo pelo que lutar, algo que torne a vida impactante e interessante, desafiadora. Algo em que se engajar!

Importa saber que há uma grande, uma enorme chance de — sendo mimadas e alienadas da vida como ela é — crescerem realmente acreditando que tudo podem.

E depois? Como fica a criança que sempre tudo pôde, quando chega à adolescência?

E na vida adulta? Isso, sim, importa saber!

Os sete primeiros anos da vida, em que as estruturas básicas da personalidade se consolidam, são, por essa mesma razão, os anos em que mais se consegue influenciar a conduta e a visão de mundo de crianças e jovens.

As atitudes dos adultos, pais e professores historicamente sempre foram *de interferir de forma ativa e imediata*, a fim de orientar as novas gerações, atuando no sentido de compreenderem quais comportamentos são aceitos e aprovados na sociedade, e quais não o são.

Como vimos, porém, a forma de se relacionar com filhos (e alunos também, consequentemente) mudou tão radicalmente nas últimas décadas, que os adultos, anos depois, quase enlouquecem na tentativa de conseguir que os filhos os ouçam ou obedeçam — até nas coisas mais simples. Na adolescência, há pais que nem ao menos conseguem saber se os filhos dormirão em casa ou não!... É um temor e um desconforto diários. E não precisa ser assim!

Há cerca de seis décadas aproximadamente, as crianças precisavam agir de forma a *merecer o amor, o carinho e a atenção que recebiam de pais e professores*. Ninguém tinha *medo* das crianças, como hoje parece ocorrer. Talvez você se espante, e pense:

> *- Ué, mas eu não tenho medo do meu filho, a Tania está vendo coisas que não existem!*

Só que não: esse medo existe, sim, mesmo que você ache que não..., e relaciona-se à incessante — e nem sempre cumprida — necessidade de fazer a criança compreender que ela tem certos direitos, sim, mas também precisa cumprir alguns deveres; e que é normal — caso ela não cumpra o que está estabelecido — receber alguma *sanção* ou *castigo* (nada a ver com palmadas, surras ou quaisquer maus-tratos físicos). E, quando digo castigo, estou me referindo a medidas simples e nada agressivas, tais como:

- "Só pode assistir ao seriado favorito se tiver terminado os deveres de casa, e com capricho".

- "Perto das provas, só pode brincar no play se tiver estudado — e demonstrado que sabe bem — a matéria. (Pode até parecer sanção, mas é apenas uma ação prévia, talvez seja melhor chamar de "condição prévia").

- "Só ganha presente de Natal ou no Dia das Crianças se tiver se comportado muito bem durante o ano, tanto em casa quanto na escola".

E por aí vai...

Pais que detestavam o castigo físico, mesmo quando as surras e chineladas eram normais e plausíveis, costumavam proibir os filhos de brincarem no playground, na rua ou onde fosse o local do encontro com amiguinhos até que os trabalhos ficassem bem--feitos, caprichados e limpos, também exigiam que respondessem com educação aos pais ou outras atitudes positivas que desejassem desenvolver. Essa forma de agir não faz mal algum às crianças, pelo contrário: ensina responsabilidade e trabalha também o conceito de reciprocidade (que é imprescindível, e quanto mais cedo se começa, melhor) ...

Pode usar sem medo essas "condições prévias". E tenha segurança ao exigir o que combinaram. Só não vale estabelecer regras e depois delas abrir mão, porque o seu fofinho ficou tão tristinho, tadinho!

Esse tipo de atitude (abrir mão das regras estabelecidas) pode fazer muito bem ao seu coração *hoje*, porém mais adiante você pagará um alto preço, porque perceberá que vai se tornando cada vez mais difícil fazê-lo cumprir tarefas e incumbências estabelecidas...

Facilitar demais, atendendo o seu coração e renunciando ao que se definiu como regra em sua casa, enfraquece a autoridade parental: mesmo que a princípio você não perceba, na próxima vez será mais difícil se fazer obedecer, porque seu filho já terá a convicção de que insistindo mais um pouquinho conseguirá o que deseja...

É, sim, muito difícil educar, pelo tanto que os amamos. No entanto, é justamente esse amor que precisa estar disposto — e a postos — para educar e, assim, conseguir evitar muitos problemas no futuro, exatamente para quem mais amamos: nossos filhos!

Sim, esse tipo de "condições" funciona muito bem se você estiver convicto do que está fazendo. Ter certeza dos nossos objetivos é fundamental, porque, não se iluda, sempre vai aparecer um amigo, uma vizinha ou um parente que lhe dirá *"puxa, tadinho, você é muito duro com ele!"* E se você não estiver certo do que está fazendo, titubeará — e seu filhinho, superatento a tudo que lhe diz respeito, aumentará a choradeira, os gemidos, os *"Mãe, deixa! Só essa vez, juro!"*, a carga, enfim, para agir do jeito que ele quer...

Em resumo: Não se trata de punir, ao contrário, trata-se de premiar atitudes positivas, para que as novas gerações compreendam as regras sociais e comecem a utilizá-las desde cedo e, anos mais tarde, na vida, já as tenham incorporado e as usem automaticamente.

Simples assim:

---

atitudes negativas → sanção

atitudes positivas → prêmio

Dessa forma, há algumas décadas, a criança logo entendia, e com clareza, que precisava *merecer* os presentes, os brinquedos, as viagens, e até *o amor dos pais*. Cedo percebiam que valia a pena seguir e adotar as atitudes e condutas aprovadas pelos pais, pela escola e pela sociedade.

Até os anos 1950, a situação era ainda mais clara: a Psicologia ainda não havia chegado ao conhecimento das famílias, portanto, chineladas, palmadas, surras com vara e outros castigos físicos, como trancar num quarto escuro, por exemplo, eram medidas usuais, como já vimos aqui. Felizmente isso tudo foi deixado de lado.

O que não se pode preterir, porém, é do papel que os pais precisam desempenhar: de orientar para a vida — e, mais ainda, para a vida saudável e produtiva. É um objetivo essencial e que não se pode delegar a ninguém.

Você que é pai recente, deve ficar abismado com isso — e achar que as coisas, nesse passado recente, eram simplesmente aterrorizantes para as crianças. Era, sem dúvida; o problema foi que, exatamente devido à conscientização de que era um absurdo espancar uma criança porque não aprendeu a tabuada, ou porque brincou e riu numa hora em que precisava se concentrar na aula, se exagerou tanto na mudança de paradigma a ponto de, muitas vezes, a criança nem achar que tem quaisquer obrigações (especialmente nas camadas mais favorecidas economicamente, claro)...

A mudança realmente precisava vir. E veio; só que veio com tanta força, mas tanta força, a ponto de que hoje muitas vezes os filhos praticamente *mandarem* nos pais.

Se anteriormente os axiomas vigentes eram "criança não tem que querer"; "criança não sabe o que é melhor para ela", *agora parece que os pais aceitam submissamente o querer dos filhos, e parecem não saber o que é melhor para seus rebentos*... Total inversão...

Precisávamos, sim, de mudanças na relação pais e filhos, mas não de mudanças tão radicais. Acredito que o retorno da autoridade parental e docente é condição *sine qua non* para corrigir o problema da indisciplina em sala de aula e para os graves problemas que vêm ocorrendo na família, como agressões a idosos, desrespeito a pais e professores, interrupção de estudos sem outro motivo a não ser "não gosto da escola", entre outros.

O que estamos fazendo aqui é analisar a educação na família e na escola num passado recente, para comparar com o que está ocorrendo na família e nas escolas no presente. Minha esperança e desejo é que essa comparação nos permita chegar a uma proposta viável, provavelmente intermediária, que possibilite a pais e mestres resgatarem sua autoridade frente a filhos e alunos de forma que possamos alcançar nossos propósitos educacionais, através de ações pedagógicas justas e equilibradas.

Na infância, no meu curso primário, cansei de ver professores distribuindo "cascudos" aos conversadores ou entre os distraídos (aqueles que pareciam viver, como se dizia à época, "no mundo da lua"). Dar uma reguada na cabeça dos engraçadinhos era também muito comum.

Em outras palavras: o que aos jovens pais e professores de hoje pode parecer um absurdo e um despropósito, era visto naqueles tempos como recurso metodológico natural. Afinal, não era para o bem dos filhos que os pais exigiam conduta educada e diligência nas tarefas que a escola determinava (o *famoso* "dever de casa")? Não era para o crescimento e sucesso na vida que os professores exigiam atenção às aulas e capricho nas tarefas?

Assim, calcados nesses pressupostos, era totalmente aceitável — e mesmo visto como necessário — o castigo àqueles que não compreendessem essas premissas.

Um outro castigo comum era colocar os mais bagunceiros ajoelhados no milho. É isso mesmo que você pensou! *Ajoelhados sobre grãos de milho crus* e, portanto... Ui, que dor! É claro que você conhece milho — mas garanto que não nessa função bárbara!

Havia também uma sanção chamada "Ficar sem Saída" — como diz o nome, os amiguinhos iam para suas casas, ao término do horário escolar, mas quem estava sem saída ia era para a sala da Coordenação ou do Diretor. Significava, portanto, que o pequeno e audaz bagunceiro ganhava ainda uma ou duas horas a mais na escola — o que evidentemente era, por si só, uma declaração de mau comportamento.

Além disso, os pais, quando vinham buscar o filho na hora da saída e eram cientificados de que eles estavam *"sem saída"* já ficavam sabendo que seu lindo e amado filhote havia aprontado alguma. E, não importava qual a gravidade do que tivessem aprontado, os filhos já sabiam que haveria uma adicional punição a receber, quando fossem liberados para retornar à casa.

Outra estratégia para os menos estudiosos de então era o "chapéu de burro"! Nunca ouviu falar? Sim, existia, e era estratégia para fazer com que os *menos motivados se motivassem* a estudar mais. Garanto que, se você, querido leitor, tem entre 20 e 50 anos, nunca ouviu sobre isso e deve estar achando, no mínimo, bizarro!

Explico:

Esse chapéu nada mais era do que um cone de cartolina, bem comprido, no qual se pespegava a palavra BURRO, assim mesmo — com letras bem grandes e, portanto, legíveis a qualquer distância. Esses chapéus eram reservados àqueles alunos que erravam respostas, em dias de arguição. Tinham que usá-los ali, bem na frente dos colegas, de modo que todos ficassem a par de quem eram os que não levavam a sério a escola e o aprendizado.

Era uma vergonha para a criança e para a família!

Afinal, era um tempo em que crianças e jovens *ainda* prezavam ser considerados bons estudantes, e em que o *status de estudioso* era qualidade... Como chegamos ao que se vê atualmente nas salas de aula? Talvez descubramos até o final do livro...

Voltemos às arguições às quais me referi: eram uma forma de avaliação, perfeitamente aceitas e utilizadas com frequência, além das provas. Em geral — mas não somente — eram realizadas de surpresa, sem dia ou hora previamente marcados. O objetivo era levar o aluno a se manter constantemente atualizado com a matéria dada. Diferentemente das provas, podiam ser aplicadas quando bem aprouvesse ao professor. Bagunça ou gracinhas em aula podiam ser suficientes para deflagrar um teste desses... Percebem como era grande o poder do professor? Era sensato para o aluno se comportar...

E se compararmos com as salas de aula hoje??!

Os que não obtivessem resultado aceitável — de acordo com o que estava previamente definido como mínimo em termos de aprendizagem — , eram fortes candidatos a usar o vergonhoso chapéu que, dessa forma, podia também servir para revelar e envergonhar o aluno displicente, ou menos caprichoso, perante os colegas, definindo-o como alguém que, por não prestar atenção à aula, por não estudar suficientemente, ou ainda por ter comportamento inadequado em sala de aula, merecia ser definido claramente como *"burro"* — ou seja, um indivíduo que não sabia aproveitar a oportunidade e a bondade dos professores, que ali estavam para ensinar o que posteriormente o ajudaria a vencer na vida!

O aluno merecedor do *chapéu de burro*, era colocado de frente para a turma, próximo à mesa do professor, de costas para o quadro de giz — que, aliás, na época chamava-se quadro-negro (porque eram pretos, obviamente e como o nome indica, e não verdes ou brancos, como hoje). Era, portanto, um local em que *todos* os colegas, de qualquer ângulo, podiam vê-lo naquela situação humilhante.

Alguns riam do infeliz, mas, o mais frequente era sentir medo de passar pela mesma situação. Ou seja: talvez valesse a pena, pensava a plateia, evitar comportamentos inadequados...

Dá para imaginar que ser bagunceiro, ou mesmo distraído, não era para qualquer um. Era preciso certa dose de coragem! Problemas como o TDAH (Transtorno do Déficit de Atenção e Hiperatividade) não eram ainda do conhecimento nem de pais nem de professores, portanto, não eram levados em conta, até porque nem se fazia tal diagnóstico. "Déficit de atenção? Nada que umas 'boas reguadas' não resolvam" — assim se pensava, infelizmente...

As arguições eram um caso à parte: como disse antes podiam acontecer em dia previamente fixado pelo professor ou ocorrer "de surpresa" — o que costumava ser mais frequente.

Bastava a turma estar um pouquinho mais agitada para que, repentinamente, o professor anunciasse: *teste!* Tínhamos, pois, que guardar todo o material na mala e depois responder às questões que o professor colocava no quadro de giz. Mas não entenda "agitada" como bagunceira ou indisciplinada. De forma alguma... Bastava que os alunos estivessem mais lentos no cumprimento das tarefas ou mais inclinados a fazer uma gracinha ... Era suficiente para a aula se tornar "arguição" ou "teste".

Apesar de essa *ajuda disciplinadora* ser indubitavelmente convincente, não era apenas por essa razão, como vimos, que os jovens evitavam discordar das autoridades constituídas — no lar e na escola. Esse era apenas mais um recurso com o qual o professor contava...

O que ajudava mais do que tudo, na realidade, era a unicidade de atitude dos pais em relação aos filhos, e dos professores em relação a seus alunos.

Era um grande diferencial em se tratando de disciplina e de clima para aprender. Por anos a fio, crianças e jovens ouviam, e repetidamente, em casa ou na escola, certos *axiomas*, que, como tal, raramente eram contestados:

> *"Eu sei o que é melhor para você!"* ou
>
> *"Me obedeça que sou seu pai!"*
>
> ou ainda:
>
> *"Eu te dei a vida, é assim que você me retribui?"*

Quem leu meus livros *Sem Padecer no Paraíso, Educar sem Culpa* e *Limites sem Trauma* sabe seguramente a que estou me referindo: falo das mudanças conceituais introduzidas em Pedagogia e Educação por volta da segunda metade do século XX, que mudaram completamente o cenário das relações intergeracionais, sob a influência da Psicologia e da Psicanálise, que então se tornaram conhecidas e muito admiradas por grande parte da população letrada.

Uma das grandes mudanças que se deu por influência de correntes psicológicas foi que se devia deslocar o centro das atenções do sistema educacional dos professores para o aluno. Foi a era do "Aluno como Centro do Sistema". Realmente o atendimento psicológico, em geral, é feito em um consultório na base de um psicólogo para um paciente, ou, quando, em grupo, acontece numa relação de cinco ou seis clientes para um terapeuta. Transladar essa configuração para a sala de aula em que na grande maioria dos casos a relação é de trinta a quarenta alunos para um docente, já indica que não há como copiar o modelo, já que a realidade das escolas é totalmente diversa da realidade dos consultórios de atendimento psicológico. No entanto, a mudança ocorreu... O que se queria sugerir é que, em Educação, como em Psicologia, se desse mais atenção às necessidades e características individuais. Como se faz num consultório. Uma boa ideia, desde que, ao se implantar o modelo, tivessem copiado também o número máximo de alunos em classe. Aí, sim, teria dado certo! Com seis alunos somente, o professor teria tempo e possibilidade de conhecer cada aluno, já com quarenta...

Sim, sei que o Brasil é enorme e não seria possível, porque teríamos que contratar, pelo menos, dez vezes mais professores para dar conta do novo modelo... mas será que as autoridades que se definiram por esse modelo não sabiam disso? Não creio. Fizeram a mudança no papel e na estrutura, mas como dar a mesma atenção que um psicólogo dá a um cliente (relação um/um ou de, no máximo, 5/1) numa sala com 35 alunos ou mais? Dessa forma, evidentemente, o protagonismo de crianças e jovens cresceu, enquanto os professores viam, paulatina, mas firmemente, decrescer sua autoridade junto aos alunos.

Em meu livro *Filhos Adultos Mimados, Pais Negligenciados*, publicado em 2015, pressenti o que viria a ocorrer — e que definitivamente ainda está ocorrendo e em larga escala. Acredito firmemente que quem passa os quinze primeiros anos de sua vida em que a personalidade está em formação se vendo como centro do Universo, dificilmente mudará de percepção...

Voltemos a essa nossa visita à Educação do século XX até hoje:

As primeiras mudanças que realmente promoveram uma guinada de 180 graus (tanto na família como na escola) surgiram — como vimos — em decorrência da força que a Psicologia ganhou na sociedade a partir dos anos 1960-1970, aproximadamente. A palavra *liberdade*, assim como o termo *repressão*, sua antagonista, se tornaram o foco da análise de quase todas as situações de relacionamento, tanto na escola quanto em casa ou nas relações sociais. Começávamos a sair de um longo período em que as relações eram baseadas quase que exclusivamente na autoridade do pai/professor para entrar em outro, diametralmente oposto, em que se passou a exaltar a liberdade das novas gerações e se criticava muitíssimo qualquer forma de repressão.

Foi um momento histórico marcante e disruptivo. A ideia era romper o engessamento vigente.

A luta por liberdade rapidamente se estendeu com seu ideário a praticamente todo o mundo ocidental. Seu poder foi transformador e levou à conscientização das massas sobre a importância de se ter voz ativa e poder opinar em todas as áreas, passando pelo direito a se ter espaço próprio e a pensar de forma livre e sem censura.

Um grande progresso, sem dúvida.

Por outro lado, o deslumbramento das pessoas letradas frente às teorias psicológicas e psicanalíticas, especialmente as de Freud, Jung e Ferenczi, foram de tal monta que se tornaram quase axiomas!

Poucos ousavam se contrapor ou questionar o que liam e ouviam, por toda parte, inclusive nos meios de comunicação: exaltação à liberdade total, condenação e repressão a medidas disciplinadoras.

O desejo de liberdade se infiltrou maciçamente em todos os campos: político, literário e individual. Todos compreenderam e passaram a demandar o direito de defender suas ideias. Boa parte delas, por inexequíveis ou exageradas, não vingaram. Ficou e permaneceu, no entanto, o desejo e o conceito de liberdade ampla.

Em Educação, esse conceito surgiu paulatinamente, mas foi tomando força e se infiltrou com a proposta na qual passava-se a considerar a criança não mais um adulto em miniatura, mas um ser com características próprias e específicas, diferentes também de acordo com as faixas etárias. Essa mudança, sem dúvida positiva para o desenvolvimento intelectual e emocional das crianças, trouxe consigo, porém, e sem que prevíssemos, uma considerável quebra na autoridade parental. Como isso se deu?

Não poucos foram os pais que acreditaram, a partir desse viés, que negar qualquer coisa aos filhos, ou até mesmo admoestá-los quando agiam de forma antissocial ou inadequada, poderia causar-lhes *problemas emocionais*, o que gerou — é fácil compreender — grande insegurança com relação à sua própria atuação como pais.

A luta por liberdade, justa e desejável, pelo exagero com que foi efetivada na prática, resultou infelizmente numa sensível perda do poder e da autoridade dos pais. Tal perda — que, evidentemente, não deveria ter ocorrido — se deveu a dois fatos, a meu juízo: primeiramente, porque os próprios pais estavam influenciados pela importância de ter e dar liberdade. Em segundo lugar, porque — descobriu-se depois —, na prática, que é mesmo muito, mas muito difícil saber até que ponto se pode permitir que as crianças decidam por si o que desejam fazer, e, em que momento, torna-se necessário reassumir o processo decisório, dizer "não" e ensinar limites aos filhos.

Sim, é realmente muito difícil... foi e sempre será. No entanto, é imprescindível fazê-lo!

Antes, como vimos, os pais decidiam tudo e não havia discussão — e assim a vida seguia tranquila — para os pais, pelo menos...

Fica relativamente fácil imaginar, portanto, o dilema e dificuldade que surgia, nesse novo enfoque:

- *Sou ou não autoridade para dizer a meus filhos o que fazer?*
- *E ainda: tenho esse direito?*

Na dúvida, muitos começaram a lacear os limites, enquanto outros, também muitos, pararam totalmente de dizer não.

E assim, as crianças passaram de um modelo educacional altamente repressor para outro com enorme dose de liberdade e quase nenhuma sanção. Começaram a ter poucos limites em suas vidinhas e também compreenderam que insistir, chorar, se jogar no chão e fazer escândalo funcionava muitíssimo bem — com os pais inseguros como estavam.

Ter liberdade é, sem dúvida, fundamental para todos: crianças, jovens e adultos; porém, é preciso compreender que liberdade total é, na realidade, incompatível com democracia, estilo de governo *em que todos*, ao menos teoricamente, *têm direitos iguais*. E, para que todos tenham de fato direitos iguais, é preciso, paradoxalmente, que as pessoas estejam preparadas para dividir seu espaço de forma a que todos possam, igualmente, ter também o seu...

E foi o que ocorreu nas famílias. E depois nas escolas.

A seguir, relaciono algumas situações por que muitos estão passando, a partir dessa forte guinada na relação pais e filhos:

- *Se a criança tem direito de escolha, e lhe disser que hoje não vai fazer a tarefa de casa, os pais podem exigir?*
- *Se o jovem decide parar de estudar, sem concluir o Ensino Médio, isso faz parte do direito dele ou os pais devem exigir que continue os estudos?*
- *E se o filho, senhor de seus direitos, disser que não adianta, que não irá mais à escola, como agir?*
- *Seu filho de 9 aninhos brigou com o filho da vizinha, e deu-lhe um soco, você deve intervir ou deixar que se resolvam sozinhos?*
- *Seu filho adolescente sai quase todas as noites, não lhes diz para onde vai, volta tarde, bebe.... Você não sabe, mas teme que use outras coisinhas mais nas baladas e noitadas; você interfere ou não sabe se tem espaço para tal?*

Sim, são tantas as decisões em relação aos pequenos e grandes conflitos do dia a dia em uma casa com crianças e adolescentes... Não é nada fácil. Especialmente mais difícil, com o passar dos anos. Na adolescência, fase do desenvolvimento que se caracteriza, entre outros aspectos, pela alta necessidade de se tornar independente dos pais, tal característica torna-se muitíssimo clara e visível...

E, aí, quanto menos limites seu filho aprendeu a ter até o início da difícil fase da adolescência, agora, aos 14, 15 anos, mais ele acredita que tem direito de fazer o que bem entender! E aí, o que fazer nessa complexa situação?

Sem dar limites nem exigir contrapartidas, você poderá se surpreender ao constatar que criou um filho *nem-nem*: Nem trabalha nem estuda, destrata pais e outros adultos, tranca-se no quarto e não permite que ninguém entre... "O que será que ele fica fazendo tantas horas lá dentro?" — você se pergunta, aflito.

E aí você percebe, alarmado, que talvez ele jamais saia de casa para a verdadeira vida adulta!

O que fazer?

Como se chega a tal ponto? Há saída?

Há "conserto"?

Sim, há, não se desespere; mas saiba que, quanto mais tarde você corrigir o que foi feito de forma inadequada, quanto mais demorar para você mudar de atitude, mais resistência encontrará.

De preferência, comece corretamente e, já na infância, a partir de um ano e meio, ensine que há limites em tudo na vida.

Se não fez isso *ainda*, mude antes do início da adolescência. As chances são muito maiores.

Para mudar sua forma de educar, primeiramente se faz necessário identificar que tipo de pai/mãe são vocês:

Já se perguntou que estilo de liderança você exerce sobre seus filhos? Aliás, você sabia que o estilo de liderança que adota tem diferentes repercussões na forma de agir de seus filhos? Sim, há escolhas possíveis. De modo geral, adultos agem instintivamente com os filhos, de acordo com a sua própria maneira de ser, e de acordo com sua personalidade.

Se na sua família é a mãe que assume a tarefa maior no que se refere à educação dos pimpolhos, ela naturalmente age de acordo com seu modo de ser, mais ou menos impositivo, mais ou menos tolerante, muito tolerante, ou muito exigente — entre dezenas de combinações existentes... E acho que, na maioria dos casos, desde que se estabeleçam regras e limites para as crianças desde cedo, as coisas caminham bem. E é aí que entra também a questão da liberdade, que varia de modelo para modelo de liderança. Se é o pai que dá o tom, da mesma forma, o modelo será o que sua personalidade dita.

Há, no entanto, certo risco em se agir apenas de forma instintiva (em outras palavras: de acordo com nosso jeito de ser). Se você é sempre solícito, carinhoso, meigo, detesta discutir e ralhar com quem quer que seja, mas, na lida com as crianças, elas estão obedecendo, estudando, seguindo as regras sociais e da família, então — parabéns! Você é daquelas pessoas que ganhou mais do que se fosse sorteada na loteria! Agiu de acordo com seu temperamento — e deu certo. Possivelmente porque talvez seu filhinho tenha também temperamento dócil. Mas, e se não for assim, com o segundo filho?

Não creio que pai algum queira deixar o futuro dos seus filhos à mercê da "boa ou má sorte". Especialmente porque *há formas de liderança que podem ser adotadas por pessoas com quaisquer tipos de personalidade* — desde que queiram, é claro! São formas de agir ao educar que produzem resultados confiáveis na maior parte dos casos. Embora se saiba — e esteja comprovado na prática — que a ação dos pais é insubstituível na formação do caráter dos filhos, ainda assim, há possibilidade de não se conseguir bons resultados (definindo bons resultados como criar filhos para se tornarem adultos cidadãos) *somente com base no diálogo,* muito embora essa teoria tenha sido apregoada aos quatro cantos do mundo como tal. Em alguns momentos é preciso que seu filhote saiba que, se ultrapassar os limites, haverá reação dos pais.

Já falamos disso, mas vale relembrar: o diálogo como método, como dissemos, foi uma metodologia que se colocou em campo, lá pelos idos dos anos 1960-1970, sem antes se ter verificado até que ponto seria realmente eficiente em termos de educação. Uma das teorias que mais sucesso fez na área da Educação foi a Didática Não Diretiva, que, em sua origem em nada se relacionava à Educação. O próprio criador da ideia, o psicólogo Carl Rogers, teve dúvidas em adaptá-la para ser utilizada no sistema educacional.

O diálogo rogeriano, acatado e propalado como a nova forma de educar, originou-se no modelo das terapias psicológicas. Não o estou desvalorizando — mas tenho segurança (após meio século em salas de aula de diferentes níveis da estrutura escolar) para afirmar que, tanto em casa como nas escolas, não pode haver somente o diálogo como forma de alcançar objetivos educacionais. Pelo menos, não da forma pela qual foi implantado no sistema educacional.

A prática mostrou com clareza que há grandes limitações em termos de eficácia, ao se utilizar apenas o diálogo como método disciplinador e criador das necessárias condições para a aprendizagem. Assim como se percebe claramente que fica difícil alcançar o resultado desejado: criar o cidadão positivo do futuro!

"Ai, meu Deus!!!" — você deve estar pensando. *Então não tem jeito? É tudo uma loteria na educação familiar?*

Não, de forma alguma. Vamos juntos desvendar essa trilha e entender que é uma questão de *ajuste da dose*, como em Medicina muitas vezes se faz necessário.

Por maior que seja sua habilidade em dialogar, infelizmente, você já deve ter percebido, nem sempre seus filhos lhe obedecerão como num passe de mágica. Este foi o grande engano: psicólogos e psicanalistas superestimaram o poder da palavra. Não lhes tiro o mérito, de forma alguma. O diálogo é essencial — e utilíssimo em inúmeras situações. No entanto, a prática demonstra que essa não pode ser a *única* metodologia utilizada para educar. Nem em casa, nem nas escolas! Vamos já saber o porquê.

Em primeiro lugar — e, aliás, é isso que mais desgasta os pais —, precisamos considerar a eterna e cansativa necessidade de repetir todos os dias, várias vezes ao dia ao longo de anos até que o jovem introjete um conceito!

E tem que repetir mesmo — sinto informar —, quanto a isso não há milagre nem reza que dê jeito. É preciso repetir até ter certeza de que seu filho já incorporou realmente a ideia.

Uma das atitudes parentais que também atrasa muito o processo de aprendizagem é a atraentíssima ideia, que muitas vezes passa pela cabeça de quem educa:

> *"Ah, hoje vou deixar tudo para lá, estou exausto e cheio de coisas a fazer em casa, então vou liberar as crianças para jogarem seus hipnotizadores joguinhos na internet, até a hora em que desmaiem de sono..."*

Ou outra desculpa qualquer que libere os pais, vez por outra, da cansativa e repetitiva tarefa de educar, repetir e lutar com as crianças...

Sim, sei que cansa; é humano sentir essa vontade de deixar para lá..., mas não caia nessa!

Se é humana, por que é considerada negativa?

É que, a cada vez que você faz vista grossa para o malfeito, para o desrespeito às regras, à falta de capricho nas tarefas etc., o processo de aprendizagem sofre uma regressão muitíssimo maior e nada proporcional ao fato de ser *"só hoje"*. Na verdade, nossos filhos rapidamente percebem que, se insistirem e insistirem, acabarão vencendo as regras... Sim, é dessa forma que eles decodificam a situação: *"Se eu insistir bastante, ganho a "parada"!* E é verdade; a cada vez que se deixa correr frouxo e não se insiste nos bons hábitos perde-se o trabalho de meses, não de um dia, apenas!

Lembrando que, mesmo sem abrir exceções (a não ser em casos muito especiais nos quais fique claramente definido o que será liberado e por que, como um dia de festa em casa, ou um aniversário em família) e sendo firme e consistente em seu trabalho como pais, o resultado educacional demora a aparecer. Por isso não desanime, sua persistência será premiada, sim, e quando menos você esperar!

É muito importante saber que terá que repetir mil e uma vezes cada orientação, até que a criança finalmente introjete o conceito. A boa notícia é que, com persistência e muita segurança se consegue alcançar os objetivos, mas é preciso ter paciência e perseverar. Esse é o normal: demora *mesmo* (são anos de trabalho consecutivo!) a se concluir a aprendizagem de comportamentos e hábitos. Muitos pais estranham e chegam a considerar que o filho tem algum problema. Mas não: na maior parte das vezes é assim mesmo. É normal a criança esquecer, vez por outra, o combinado na fase do aprendizado; mas desde que, quando você chama a atenção e pede que refaça o malfeito, ela atenda de boa vontade e cumpra, está tudo bem.

Gosto de lembrar aos pais que, em geral, a tarefa de criar cidadãos, pessoas de bem, capazes de contribuir para a melhoria da sociedade leva, em geral, cerca de 18 a 20 anos! O processo é realmente demorado...

Vamos voltar ao que falávamos?

Já disse aqui que crianças são *egocentradas* e *hedonistas*. O que significa isso? Significa que elas pensam sempre primeiro em si próprias (é o "eu" no centro do processo) e hedonistas (teoria segundo a qual o ser humano tende a buscar o que lhe dá prazer, satisfação e felicidade, e a fugir do que lhe é desagradável, difícil ou aversivo). E se até o adulto tem essa tendência — que, aliás, só regride através da educação e vagarosamente ao longo dos anos —, imagine as crianças! Mais ainda! A boa notícia é que *buscar fazer o que se gosta* não é defeito nem problema: é normal. Ufa! Que alívio, né?

Por outro lado, se deseja que seu filho se torne um bom estudante e, mais tarde, um profissional respeitado e um amigo requisitado, nós, pais, não podemos deixar de fazer "*nosso dever de casa*", que significa compreender e aceitar que o processo é longo, cansativo e difícil — mas a recompensa final nos faz esquecer quaisquer dificuldades ou percalços!

Em síntese: a maioria dos adultos consegue se refrear e fazer o que é necessário — *e não o que gostaria* — exatamente por já ser adulta. A criança, não. E é justamente por isso que a supervisão constante e focada fará com que, aos poucos, e através dos anos, a criança e o jovem aprendam a priorizar e a agir de acordo com o que a sociedade pretende e espera do ponto de vista educativo (estudar, ser honesto, respeitar as pessoas etc.).

Crianças e jovens nem sempre (quase nunca, talvez?) têm maturidade para saber a que dar prioridade:

- *Estudar ou jogar futebol?*
- *Ler o livro que a escola recomendou, ou a revistinha em quadrinhos que adora?*
- *Conversar e rir com os coleguinhas em sala de aula ou prestar atenção ao professor?*

A grande maioria nem vai cogitar fazer o que é necessário para o seu bom desenvolvimento, e preferirá fazer o que está com vontade, especialmente hoje, quando as crianças estão tão empoderadas e ainda têm as mídias a incentivar o "compre", "não deixe de ter um", "peça para o seu papai e sua mamãe"...

É através da Educação — inicialmente em casa, e depois reforçada e complementada pela escola — que se aprende, de fato, o sentido de humanidade, no melhor significado do termo (dar e não só receber; amar e não apenas querer ser amado, respeitar para ser respeitado etc.). Muitos dirão, ao ler esses parágrafos, "ah, mas isso é repressão" ou "ah, mas eu não quero reprimir meu filho, tadinho!" Compreendo. Quando se trata somente do seu filhote querido, pode parecer uma coisa à toa, sem consequências negativas, algo, ele "aprenderá com a vida". Agora coloque uma criança que só faz o que quer e o que lhe dá na cabeça e multiplique pelos milhões de crianças e jovens das novas gerações. Multiplicou? Como ficaria o mundo nessa perspectiva? Uma guerra infindável, com brigas e incômodos a cada passo ou a cada minuto!

Outro aspecto importante: quanto menor a criança, mais egocêntrica. É natural. São crianças. Mas, e graças a Deus por isso, elas aprendem — e aprendem para valer, *se soubermos agir e se o fizermos no tempo certo!*

Educar nunca é fácil, mas as dificuldades diminuem consideravelmente se, além de agirmos de acordo com nossa personalidade, também utilizarmos alguns utilíssimos conceitos das Teorias da Liderança. Então, vamos lá? Para quem nunca leu a respeito, um pequeno resumo.

XIV. Liderança e filhos

Há vários tipos de liderança e há livros inteirinhos para se estudar a respeito — mas não é preciso chegarmos a tanto. A não ser que se queira, porque como sempre digo: *o saber não ocupa espaço e é sempre bem-vindo*.

Para nosso propósito aqui, no entanto, basta entendermos e pensarmos sobre alguns pontos que nos interessam diretamente:

Não é nada fácil mudar nosso jeito de ser, sei disso, mas podemos conseguir atenuá-lo — se for preciso — para alcançar nossas metas, tão importantes.

Vale a pena ao menos tentar, concorda? Afinal, que objetivo maior pode haver do que criar bem nossos filhos? Lembrando que mudanças só ocorrem quando se está realmente decidido a mudar...

Inicialmente, vamos deixar claro o que considero "criar bem os filhos", porque há muitas formas de se definir o conceito. Gosto de considerar o *ponto de vista social*; e assim podemos dizer que alcançamos nosso objetivo se, lá pelos 17-18 anos, ele(a)

- Estiver estudando;
- Tiver completado ou completando o Ensino Médio;
- Tiver amigos que agem de forma semelhante à Educação que você está dando a seu filho;
- Tem bom relacionamento na escola e fora dela.

E, principalmente, se:

- Ele está articulando um projeto de vida, ainda não totalmente definido, mas você percebe que ele vai encontrar um caminho positivo e dar sequência a sua formação intelectual, afetiva e social.

Se você vê seu filho dessa forma e se é realidade, e não apenas o coração apaixonado de um pai ou mãe, mas, por exemplo, comentários que lhe chegam através da escola; elogios da vizinhança, a aprovação de amigos e familiares — então, sim, você alcançou quase 100% dos seus objetivos.

"E por que 'quase' e não totalmente?" — você me questiona.

Porque ainda assim haverá um longo caminho pela frente. Formar o cidadão, a tarefa precípua dos pais, na atualidade, leva cerca de 20-25 anos na sociedade ocidental!!! Assusta? Mas assim é. Filho é projeto que implica muitos anos de trabalho, sem férias, sem descanso de fim de semana nem 13º salário... mas quando se alcançam nossos objetivos educacionais... que beleza que é!

Seu objetivo estará realmente cumprido quando seu filho apresentar **as seguintes características de adulto:**

1. *Tiver finalizado o processo de crescimento biológico.*

2. *Estiver independente financeiramente: em outras palavras, se mantendo por seus próprios meios (trabalhando, em primeiríssima instância!).*

3. *Demonstrar maturidade para envolvimentos afetivo-emocionais duradouros e profundos.*

A boa notícia é que, se você tiver clareza de propósito — e agir em função disso —, quase com certeza terá excelentes resultados e um retorno afetivo insuperável!

XV. Que líder sou eu?

Para alcançar os itens listados no capítulo anterior você precisará liderar seu filho, *sem relaxar*, de forma a conduzi-lo positivamente à idade adulta.

Como já referi, há vários modelos de liderança, além de combinações entre eles. Para nós aqui, no entanto, podemos nos limitar simplificadamente a alguns que lhe vão ajudar em sua função diária de educador:

Liderança autocrática

Liderança autocrática é aquela em que o pai (ou a mãe) é o centro de decisões, ou seja, a *ênfase é no líder* (pais e responsáveis) e, coerentemente com essa característica, as decisões são centralizadas. Em outras palavras, os pais decidem *a priori* o que será feito, seja em que escola matricular a criança, sejam as regras da casa — sem considerar a opinião da criança/jovem, a quem cabe apenas executar as ordens emitidas. Nesse modelo há pouco espaço para questionamentos ou sugestões.

Como você pode imaginar, é um estilo que pode causar insatisfação, ainda mais hoje em dia, e especialmente à medida que chegam à adolescência. É uma forma de conduzir que tende a provocar tensão, frustração e até agressividade. Também pode gerar comportamentos de autoproteção (um filho apoia e encoberta o outro, encobrindo o que o irmão não fez ou fez malfeito).

Por exemplo: um dos filhos não fez a tarefa de casa, e o outro sabe disso, mas não relata aos pais, mesmo se lhe perguntam.

A palavra "autocracia" se refere a um regime em que o governante detém poder ilimitado e absoluto sobre todos. Nas empresas, esse tipo de líder tem sempre a palavra final e raramente está aberto a ouvir outros pontos de vista. Além disso, controla todos os processos e responsabilidades da equipe e define como, quando e por quem as tarefas serão realizadas. Na prática, todos devem seguir à risca o que foi determinado pelo gestor. É extremamente diretivo e mantém controle sobre o trabalho da equipe, em geral não deixando margem para mudanças nos planos.

Esse modelo se inspira nos comandos táticos militares, em que a hierarquia é um valor essencial que deve ser respeitado acima de tudo. A relação com os subordinados é verticalizada e a obediência é um princípio básico desse estilo. É fácil perceber que esse líder está mais próximo à figura dos pais tradicionais, que dão ordens a seus subordinados — no caso os filhos —, assim como, de modo geral, não aceitam manifestações ou questionamentos sobre o que foi decidido.

É uma forma de liderança que, muitas vezes, gera atitudes defensivas, que aumentam à medida que os filhos crescem, porque fica claro que nada do que disserem será analisado com vontade de realmente entender o que está sendo solicitado.

Pense em sua casa, em sua relação com seus filhos. Pergunte-se e reveja se já ocultaram fatos ou lhe mentiram. São possíveis defesas de quem compreende que "não adianta falar com ele(a): não vai nos ouvir". Não quer dizer que os filhos de pais com outras formas de administrar a relação não escondam algo dos pais, mas nesse formato é mais comum. É importante ressaltar que nem sempre isso ocorre com todos os líderes autoritários, porque, mesmo nesse estilo, há variações de grau. Quanto mais rígido, mais possibilidade de tentarem burlar "a vigilância". Quanto menos rígidos, mais chances de funcionar. Há casos, é preciso ressaltar, em que a liderança autocrática — ou seja o pai ou a mãe ou ambos, emite as ordens com jeito e afeto, de modo que os filhos obedecem sem se revoltarem obrigatoriamente.

Os pais autocráticos nunca deixam os filhos sem supervisão e acompanham de perto cada tarefa a ser executada. Nesse sentido considero fundamental que os pais — quanto menores são os filhos — tenham segurança para — sem medo da palavra — verificar e acompanhar o cumprimento de suas obrigações, que, aliás, costumam ser leves e alcançáveis. Estudar, por exemplo, em muitos e muitos casos é a única obrigação real das crianças nas classes economicamente superiores (A, B e parte da C). E esse acompanhamento — que pode parecer exagerado para alguns —, na verdade, nessa fase da vida (infância), se feito com afeto e sem agressividade, vai ajudar muito na formação de hábitos de estudo, de higiene, de adequação do sono — assim como em relação à responsabilidade e a outros aprendizados sociais.

Nesse estilo, como vimos, os pais costumam esperar que os filhos ajam de acordo com as regras estabelecidas — sem questionamentos nem troca de ideias.

O lado negativo desse tipo de liderança é que tende a levar os filhos a uma espécie de dependência do líder, tornando-se avessos a tomarem iniciativas; passando a fazer somente o que lhes foi destinado realizar; também é comum executarem as tarefas sem entusiasmo e sem satisfação, especialmente a partir da entrada na adolescência. Como as tarefas são predeterminadas, para muitos se tornam obrigação, desestimulando a criatividade e a iniciativa. Não ocorre com todos, logicamente: há muitos que se sentem bem nesse modelo. Cumprem com prazer o que lhes é destinado — e pronto. Há outros que se sentem cerceados. Cabe ao líder distinguir quem é quem e, sempre que possível, destinar tarefas que demandam criatividade para essas crianças e jovens.

Nesse tipo de gestão, percebe-se também a tendência a produzir apenas quando os pais (os gestores) estão presentes e, em sua ausência, observa-se queda na produtividade nos estudos e tarefas.

Não quer dizer que todas as famílias com pais autocráticos apresentem essas características, especialmente quando são carinhosos, dão as ordens de forma gentil e recompensam os filhos com atos e palavras de incentivo ao conferirem os trabalhos e os encontrarem feitos e caprichados.

Você já deve ter percebido que a gestão autocrática que estou descrevendo se encaixa perfeitamente no perfil dos pais tradicionais de que falamos anteriormente.

Embora possa não parecer de imediato, a liderança autocrática *não tem apenas desvantagens*: vai depender muito da idade dos filhos, da forma pela qual os pais atuam e até da situação do momento. Com crianças pequenas — e desde que as ordens sejam emitidas de forma gentil e afetuosa — costuma ser muito produtiva e bem-sucedida. A tendência, porém, é ir se tornando menos aceitável à medida em que entram na puberdade e na adolescência. Cabe a nós, pais, estarmos atentos às mudanças e, ao percebê-las, adaptarmos um pouco que seja a forma de agir para continuarmos a ter bons resultados educacionais e diminuir zonas de atrito desnecessárias.

É natural que você tenha achado que se trata de uma forma de liderar ultrapassada e antiga. À primeira vista, realmente se tem a impressão de que só há pontos negativos nesse modelo. Verdade, porém, é que há graus e graus de liderança autocrática, o que desengessa um pouco o modelo. Há momentos (e não são poucos) em que exigir algo dos filhos, sejam crianças ou adolescentes, se faz necessário, até para garantir a consecução de nossos objetivos de criar cidadãos de bem... Esses momentos em geral surgem no dia a dia, até várias vezes, sem que possamos prevê-los.

Dando um exemplo claro: sua tendência pessoal e suas leituras o conduziram a ser um pai ou mãe que utiliza o diálogo como método educativo ideal. Você leu e reconhece as múltiplas vantagens da relação democrática com os filhos. Perfeito. E colocou em prática essa sua conclusão pensada e madura. No mais das vezes, tudo correrá bem. Há, porém, infinitas situações diárias que se repetem com frequência alucinante ao educarmos. É sobre essas situações que teremos de repensar nosso modelo de liderança. Imagine a cena:

> São sete da manhã, e você e seu marido — que têm, como a maioria, horário fixo para chegar no local do trabalho — não podem, portanto, se atrasar — já estão prontos; mas seus filhinhos, não. Você já usou todos os seus recursos de convencimento, até uma chantagem leve, tipo "vamos ao cinema no sábado se vocês se aprontarem em 5 minutos!" — porém, nada os faz finalizarem os preparativos... A cada minuto que passa você fala, implora e não adianta, já está quase histérica; e seu marido, tenso... A cena se prolonga com variações criativas: é a merenda que querem diferente da que você preparou; é a meia-calça que sua filha quer usar justo nesse dia para ir à aula, mas você não se lembra onde está guardada — e já deu duas reviradas nos armários —, com o que perdeu mais 15 minutos, mas não encontrou a bendita; é o álbum de figurinhas

que seu filho está buscando encontrar, porque combinou com o amiguinho de trocar duplicatas, mas esqueceu onde o colocou... Enfim! Um pandemônio! O que fazer? Em sua imaginação, você se vê dando um grito abissal, sobrenatural e assustador para que a criançada entenda que acabou "o tempo regulamentar da partida", mas aí, você se vê como um monstro desfigurado, gritando... Ai, meu Deus! Onde foi parar meu projeto de democracia? Então você engole tudo — o grito, o atraso, o medo de ser demitida — tudo — em função da gestão democrática!

Exageros à parte, saiba que é perfeitamente natural e factível que você seja um líder democrático em boa parte das horas e, em outra, seja assertivo, autocrático mesmo — e com muita segurança mande as crianças fazerem em 5 minutos o que têm a fazer!

Sim, é possível — e mais: muitas vezes é necessário!

O líder possível

Com crianças e jovens em formação há muitos e muitos momentos em que *não* se pode — *simplesmente não se pode* — ser apenas e totalmente democrático.

Por quê? Porque, como disse e reafirmo, crianças e jovens são hedonistas — e muito! Irão, portanto, pautar suas decisões antes de tudo *pelo prazer*, o que pode significar, por exemplo, comer somente carboidratos nas refeições, e não incluir os necessários vegetais, proteínas e legumes em sua alimentação. Uma decisão que pode, inclusive, encurtar a vida! Então são vocês, mãe e pai, que têm que orientar e incluir esses elementos vitais na dieta dos filhos.

"Ah, mas dá um trabalhão", isso, sem dúvida! Sim, pai e mãe — por mais que não queiram, têm que, muitas e muitas vezes mandar, porque *os filhos são menores de idade*. E ser menor de idade significa estar imaturo para gerir a própria vida. Assim é a realidade do nosso dia a dia de pais — e de professores também...

Acho que estamos aliviados agora, não? Sim, você tem muitos momentos em que precisa, pode e deve mandar! Crianças precisam saber que seus pais são superlegais, lhes dão possibilidades de escolhas as mais variadas em inúmeras situações. No entanto, e principalmente, elas precisam estar muito cientes de que há um *limite* claro em que o cenário muda — e, a partir desse momento, sem discussões!

> *É na tentativa de serem totalmente democráticos em todos os momentos com os filhos que, muitas vezes, se encontra a raiz de problemas familiares sérios, que poderiam ter sido evitados com autoridade na hora certa, e de acordo com a idade e maturidade dos filhos.*

Sim, por incrível que possa parecer, pais democráticos, às vezes, podem ter que tomar as rédeas da situação e dar *ordens claras*... Isso não os torna autoritários nem antidemocráticos, de forma alguma. Apenas reafirma quem é o líder real do processo.

Muitos conflitos e muita canseira podem ser evitados se os pais compreenderem que, em determinados momentos — não sempre —, há que se usar a autoridade parental sem que isso seja, de forma alguma, autoritarismo (é apenas autoridade). Super necessária!

Se não fizer isso, você corre o sério risco de ver seus filhos decidindo, um belo dia, que não vão mais estudar; que vão dormir na hora em que bem entenderem — tenham ou não aulas no dia seguinte e cedo; que não vão fazer as tarefas de casa porque não querem e, como dizem, "é chato!"; que não vão respeitar os mais velhos, e depois as autoridades, e depois...

Sim, há coisas "chatas" na vida, sem dúvida, mas assim mesmo temos que fazê-las, todos nós, pela vida afora — e sempre! Portanto, quanto mais cedo as crianças compreenderem a realidade, menos problemas vocês, pais, terão!

Sei que você não quer e não vai deixar acontecerem problemas evitáveis, estou certa?

> *Ser assertivo, quando necessário, não significa que você é mau, nem que seu filho ficará obrigatoriamente frustrado ou com algum trauma... Pelo contrário, ele começará a entender verdadeiramente como funciona o mundo e a sociedade.*

Liderança liberal

Outra forma de liderar que nos interessa aqui é a liderança liberal, que costuma ser muito bem aceita, dada a liberdade de que usufruem os filhos.

Nesse estilo, a ênfase se situa *nos indivíduos (as crianças)* do grupo e não nos líderes (os pais). No entanto, a tendência, comprovada por estudos e observação da prática em empresas e nas famílias, com o passar do tempo, é de que a produtividade decresça.

> *"Mas por que isso ocorre?" — você me questionará. "Não é muito melhor assim do que na liderança autocrática?" Sim e não — é o que lhe respondo!*

Exatamente por ser liberal, claro, há muita liberdade; e, por outro lado, e pela mesma razão, há pouca exigência de resultados, porque os elementos do grupo (lembrem-se: estamos falando de crianças e adolescentes resolvendo suas próprias vidas e tomando decisões sobre elas — muito diferente do que com adultos) rapidamente percebem que não há, nem haverá cobranças, broncas nem castigos, já que nesse tipo de estrutura cada um toma suas próprias decisões, sejam elas relacionadas a estudos, diversão, horários etc.

As pesquisas em diferentes locais de trabalho mostram que, em pouco tempo, o chefe ou líder liberal conta apenas com aqueles que, por suas características pessoais, trabalham por prazer e se sentem bem produzindo, e, independentemente do que esteja acontecendo a seu redor, farão o que têm a fazer da melhor maneira possível — é seu estilo de ser! São excelentes trabalhadores, delícia lidar com gente assim, mas (sempre tem um "mas"!) vale lembrar que como esses não existem montes; e pode acontecer até que, na sua família, dentre seus filhos, não haja nenhum automotivado... Não é nada impossível de ocorrer, concorda? Consequentemente, a inação desse tipo de líder que nada exige, nem prazos, nem qualidade, nem horários, se faz sentir com mais força, assim como rapidamente decrescem os bons resultados, seja na escola ou no trabalho.

Não é difícil supor que, mesmo os automotivados, quando percebem que, no grupo a que pertencem, há expressivo percentual de pessoas que nada fazem, enquanto eles suam *a camisa*, comecem a achar que estão sendo bobos, e que não vale a pena se esforçar... Afinal, fazendo ou não, a atitude do líder é frouxa e aparenta não diferenciar quem produz de quem não... Então, a tendência é mesmo de, aos poucos, engrossar a fileira de quem não está a fim de nada. Imagine, portanto, um grupo todo constituído por pessoas que não se importam com nada. Pela liberdade que têm e sem necessidade de prestar contas, tendem a produzir cada vez menos, a lacear prazos e apresentações, a pouco se importar com qualquer coisa que não seja receber seu salário no fim do mês.

Agora vamos transferir essa imagem para a nossa casa, com nossos filhos fazendo somente o que lhes dá na telha! Imaginou?

E tem mais: a falta de uma liderança e de objetivos claros tende a gerar, além da desmotivação crescente, também conflitos entre os membros do grupo, porque, como nesse modelo parte-se do pressuposto de que todos são maduros para tomar suas decisões e, portanto, não necessitam de acompanhamento constante, os gestores (pai/mãe), paulatinamente, vão deixando de verificar como estão caminhando as coisas com os filhos e, o que é mais complicado, vão deixando de fornecer orientação e *feedbacks* (avaliações), já que acreditam que deixá-los à vontade estimula a autonomia. O que não deixa de ser verdade; porém, a autonomia total de uma criança pode levá-la a adotar atitudes negativas, afinal, ainda está em formação, portanto, sem maturidade ou condições de pensar anos e anos à frente.

A ausência de uma liderança visível e clara também faz com que os filhos tenham poucas referências: não se sentem valorizados pelo que produzem, já que dá no mesmo ser produtivo, educado e obediente ou negligente e improdutivo. Além disso, o fato de não receberem *feedbacks* sobre a qualidade do trabalho realizado também contribui para frustrá-los e prejudicar seu desempenho.

Com o passar do tempo e com esse tipo de liderança as tarefas se desenvolvem ao acaso: "Ah, hoje não vou fazer nada, estou com sono", ou "Amanhã eu limpo essa papelada acumulada" — mas amanhã, se estiver com preguiça, e sem satisfação a dar a ninguém, pode bem passar para depois de amanhã e, até quem sabe, para nunca!

Daí a importância de se compreender a diferença entre ser autoritário e ter autoridade com os filhos.

O ambiente tende a se tornar conflituado, tipo "por que eu vou fazer se ninguém faz e não acontece nada?" especialmente nas empresas, mas aos poucos em casa também. Com isso, o local torna-se depressivo, os elementos do grupo se desentendem e perde-se muito tempo com discussões de cunho pessoal que, na verdade, não têm a ver diretamente com trabalho ou estudos, e sim com a situação que se cria entre indivíduos produtivos e não produtivos.

Esse estilo de liderança tende a aprofundar o individualismo entre seus membros, já que não fortalece o conceito de equipe. Além disso, em geral, o grupo tem pouco respeito pelo líder. Afinal, ele pouco ou nada lidera...

Agora imagine essa mesma situação em relação a seus filhos em casa ou na sala de aula com os alunos...

Se você adota esse tipo de liderança com seus filhos, muito provavelmente verá que, em pouco tempo, eles perceberão que façam o que fizerem, você pouco reagirá. E aí, o que farão? *Tevê, celular, joguinho eletrônico, playground o dia todo, todos os dias.*

A propósito do que estamos falando aqui:

- você sabia que 82% das crianças brasileiras entre 10 e 13 anos já têm acesso à internet?
- nessa mesma faixa etária, 55% já possuem celular?
- sabia que 95% das crianças e jovens brasileiros, entre 9 e 17 anos, acessam a internet, principalmente as redes sociais Instagram (66%) e TikTok (63%)?

- que nos Estados Unidos, adolescentes entre 13 e 18 anos gastam em média 6 horas por dia na Internet, não incluindo aí o tempo usado para tarefas escolares?*

É possível ser um pai ou mãe liberal com os filhos, sim, mas é preciso estar ciente de que, se você for um "liberal radical" eles tenderão a fazer somente o que lhes dá prazer — e isso é temerário, em se tratando de crianças.

Você pode ser liberal, e isso é positivo, ótimo, mas precisará mesclar, em várias situações, sua liberalidade com atitudes de autoridade, para que as crianças compreendam que, apesar de terem liberdade, ainda assim há um líder (o pai, a mãe, os professores) e há também regras a serem obedecidas em sua casa, na escola — e... no mundo.

Além do mais, como será o futuro de crianças cujos pais são incapazes de uma liderança segura e de claramente separar e apontar as atitudes corretas das incorretas?

Você pode ser liberal, mas precisa atuar também com segurança e firmeza, nos momentos necessários, de forma objetiva e decidida. Não cabe deixar ao acaso o futuro de nossos pimpolhos. Mescle sua tendência liberal com a autoridade que a função de pai e mãe muitas vezes exige — para que tudo caminhe de forma saudável, em direção a um futuro saudável e produtivo.

Faço aqui uma ressalva importante: às vezes, mesmo com um líder totalmente liberal, uma criança — por sua própria natureza e personalidade — poderá se tornar um gênio, um cientista, uma pessoa gentil e educada — tudo de bom, enfim. Seguramente, porém, é um

---

* Dados do Instituto Ame Sua Mente, em artigo de 28/06/2024: "Telas; elas fazem mal às crianças e adolescentes?"

percentual pequeno esse em que, sem orientação e sem liderança, as crianças caminham, desde logo, com seus próprios e acertados passos em direção a um final feliz. Lembre-se sempre, porém, que são poucas as exceções...

Vivemos em uma sociedade que tem muitas regras e obrigações. Regras e obrigações essas que crianças e jovens não conhecem e que só passam a conhecer e a compreendê-las justamente pela orientação parental. Não tem como fugir dessa realidade... E é um trabalho sensacional esse que os pais fazem... Sem ele, acredito, ainda viveríamos na Era das Cavernas!

Assim, a pergunta que temos que nos fazer é:

Quero mesmo deixar ao acaso o futuro e a educação dos meus filhos?

Se sua resposta for *não*, e você é um líder liberal, lembre-se de utilizar parte dos seus esforços diários de forma assertiva para que seus filhos aprendam ao menos o essencial das regras sociais, aquelas que eles não podem desconhecer e precisarão incorporar às suas vidas.

Em outras palavras:

Vocês decidiram ter filhos, os amam com paixão, e pelo bem do futuro deles não deixem que as coisas caminhem sem sua liderança presente e atuante.

Pode ser liberal? Sim, pode. E é muito boa escolha de gestão. Ciente, porém, de que em várias situações você terá que exercer autoridade, ainda que com afeto e delicadeza, mas com segurança e firmeza. E sem medo de ser taxado de autoritário, porque você não o é!

Você é autoridade, isso sim!

Liderança democrática

Como o nome diz, essa terceira forma de liderança dá voz a ambos: líder e liderados. A ênfase não está nem em um lado nem em outro, e sim em ambos. Colaboradores e executores (pais e filhos, professores e alunos) são ouvidos, convidados a opinar, a participar, a dar sugestões e opiniões.

Não é tudo de bom?

O líder democrático tenta facilitar a tomada de decisões, ajudando a equipe a desenvolver soluções. Ele se preocupa com a execução do trabalho, mas também com a satisfação do grupo. Mostra-se participativo, ouvindo, oferecendo ideias, esclarecendo dúvidas, dando retorno sobre o que está sendo feito e auxiliando o grupo a se desenvolver e melhorar no desempenho das tarefas.

Esse estilo favorece um melhor relacionamento entre todos, uma vez que a comunicação flui com liberdade e as pessoas são incentivadas a se expor, sem temor de críticas ou censura. Também ajuda a desenvolver responsabilidade e produtividade em relação às tarefas e objetivos.

Se você chegou até aqui, com certeza já definiu qual acredita ser a melhor forma de atuar, acertei? Em geral é a liderança democrática que atrai mais adeptos — ao menos teoricamente... E é realmente atraente: um estilo que tende a tornar o ambiente amistoso, simpático e responsável. Assim, tudo indica que seja o ideal para utilizar em família.

Lembre-se, porém, que qualquer situação que vivenciemos em família, em algum momento — além da troca de opiniões e ideias — alguém deverá definir que caminho se irá seguir para dar andamento ou finalizar o processo. Muitas vezes, sendo uma gestão democrática, a decisão acaba surgindo naturalmente durante a conversa sobre o assunto, no próprio grupo.

Caso não tenha surgido, porém, o líder terá que definir a solução, ou nenhuma situação terá fim! Portanto, mesmo na gestão democrática, não se elimina a necessidade e a atitude insubstituível do líder, que, no caso, deve ser, sem dúvida, um dos adultos.

A diferença do líder democrático em relação às demais formas de gerir a educação dos filhos é que todos que participam terão sempre espaço para colocar sua forma de pensar e analisar a situação, além de poder apresentar sugestões e fazer considerações. A finalização do processo, no entanto, deverá ser do gestor (pai/mãe). O líder poderá, no entanto, adotar a solução proposta por uma das crianças — caso seja factível e adequada, lógico! Perfeito.

Isso é democracia na família. Todos são ouvidos e opinam. O responsável, porém, tem a prerrogativa e a responsabilidade de definir qual das soluções discutidas e analisadas será posta em prática.

Estudos comprovam que a gestão democrática diminui os índices de insatisfação em relação às decisões dos gestores, o mesmo ocorrendo entre pais e filhos, na medida em que se oferece oportunidade a todos de se expressarem e compreenderem os motivos de cada ação e decisões implementadas.

A liderança democrática é uma forma muito positiva de gerir a família, porque o processo faz com que todos se sintam valorizados e compreendidos. Mas não pense que é fácil... Há que se aprender a ouvir e a argumentar — e creia-me, haverá muita argumentação — com e sem fundamento, com e sem cara feia... para, somente ao final, se tomar a decisão — depois de discutida e analisada por todos.

A tendência atual no mundo, ao menos teoricamente, tem sido *defender* o estilo democrático de liderança, seja num país, estado ou instituição, já que os benefícios de se ouvir aqueles com quem se trabalha ou a quem se educa, dando flexibilidade e certa autonomia à tomada de decisões, parecem ser mais amplos que os demais modelos de gestão.

A ideia subliminar é influenciar os liderados (filhos e alunos) em vez de simplesmente mandar neles.

Sem ouvir os participantes de um grupo frente a uma situação que precisa ser resolvida, e adotando o estilo autocrático, a possibilidade de cometer injustiças ou de ser parcial é maior do que nas outras formas — fato comprovado por estudos em empresas e em outros tipos de instituições. Sugere-se sempre buscar e apoiar líderes colaborativos, transparentes e que tomam por base o respeito mútuo.

É inegável, porém, que a centralização das decisões nas mãos de uma única pessoa torna o trabalho mais ágil em várias situações. Por exemplo, durante uma crise como a que enfrentamos na pandemia do coronavírus; ou se há algum perigo no seu prédio; um incêndio na casa do vizinho ou, em outras palavras: *em situações de risco* você não pode — *e não deve* — deixar seus filhos pequenos decidirem. Óbvio! É dar a ordem e exigir imediata obediência!

É claro, não? Nem precisava escrever isso...

Pode parecer claro, mas na prática não é. Se as crianças estão habituadas a fazer somente o que querem, e no ritmo que acham mais adequado, quase com certeza acharão que podem fazer o mesmo em todas as situações, até porque elas, ao menos até os 10, 12 anos, em geral, não têm total compreensão do que seja uma situação de perigo iminente. É nessa hora que a liderança autocrática necessita se fazer presente de imediato.

Há outras situações que também exigem autoridade. Por exemplo, se seu filho, de repente, lhe diz que não quer e não vai hoje à escola, não há como não intervir e agir com clareza, mostrando que algumas coisas são inegociáveis. É óbvio que algumas decisões não podem ficar nas mãos de uma criança.

Dei exemplos extremos para ficar bem claro o que desejava que compreendessem. Há outros, porém, e são muitos, que também demandam autoridade e que, na verdade, são os que mais consomem nossa energia, porque acontecem no dia a dia e corriqueiramente. Alguns deles:

- convencer a criança a se alimentar de forma saudável e equilibrada;

- colocar na cama para dormir no horário que lhe propicie de 8 a 10 horas de sono (dependendo da idade, claro);

- convencer a usar a roupa adequada para sair (se está muito quente ou frio e a criança decide que quer ir com a blusinha que adora, mas não agasalha...).

E assim por diante. São situações que parecem tão ínfimas em importância, mas desgastam os pais, porque ocorrem muitas e muitas vezes a ponto de alguns desistirem e "deixarem rolar". A decisão é pessoal, mas as consequências, não: você pode deixar seu filho, que saiu vestido inadequadamente no inverno, contrair uma gripe ou pneumonia? Logicamente que não... Onde ficaria a responsabilidade do líder?

Em certas situações, a liderança autocrática pode ser a que trará maior segurança a todos. São casos em que, embora a atitude parental possa (e às vezes é, e deve ser mesmo!) parecer autoritária, trata-se, na verdade, do uso correto da *autoridade*, necessária em vários momentos, e essencial nas crises. No exemplo da roupa inadequada, você pode dialogar e argumentar oferecendo duas ou três outras opções de roupa — adequadas ao clima do dia — e deixar que o filho decida. Assim fará seu papel de liderar e proteger, ao mesmo tempo que permitirá que a criança se sinta participante e capaz de aprender a decidir. Atitudes assim evitam muitos desentendimentos e briguinhas desnecessárias.

Sabemos — e é realmente fato — que as crianças testam os limites estabelecidos, desobedecendo ou não cumprindo ordens conscientemente, em parte por desejarem ser independentes, em parte para avaliarem se haverá algum tipo de consequência caso não obedeçam. Por essa razão, sugiro que, seja qual for sua forma de liderança, não abra exceção ao que foi estabelecido com frequência. Dessa forma, crianças e jovens compreenderão que o que definimos é para valer, não uma brincadeira de um ou dois dias.

Gerir uma família em que se é autoridade com "A" maiúsculo e onde se tem poder de decidir sozinho é uma coisa. Outra, bem diferente e muito mais complexa, é dirigir democraticamente qualquer instituição, partido ou família. É um processo não apenas mais difícil, como também mais demorado, já que se faz necessário ouvir todas as opiniões, analisar, conversar, convencer e ainda optar pela decisão que a maioria sinalizou. É realmente muito mais difícil.

Estudos sobre liderança indicam que a maioria das pessoas prefere trabalhar em ambientes em que as decisões a serem tomadas surjam do próprio grupo — o que também parece ocorrer com relação a decisões de família e mesmo em outras instituições, como clubes que frequentam, por exemplo.

Importa lembrar que quem deseja igualdade realmente sabe que tal desejo só se torna exequível *quando cada um incorpora a ideia de que os direitos e a liberdade de cada indivíduo terminam onde começam os direitos e a liberdade dos demais membros do grupo, sem distinções.*

O conceito é perfeito — no entanto, me parece, vem sendo muitíssimo esquecido, especialmente pelos governantes da maioria dos países do mundo...

XVI. O que esperar das novas gerações

Num mundo em constante evolução, é importante entender que as mudanças de comportamento são influenciadas e geradas por uma série de fatores, e não apenas pela atuação da família. Os acelerados e contínuos avanços tecnológicos da atualidade com a chegada da inteligência artificial, assim como as mudanças sociais, políticas e econômicas que vêm ocorrendo em todo o mundo têm também ação sobre jovens e crianças.

É possível prever algumas das mudanças que ocorrerão. É muito provável, por exemplo, que as próximas gerações tenham maior consciência social e ambiental que as que as precederam (que coisa maravilhosa!), em parte devido aos desafios da atualidade, que incluem a comunicação global instantânea, que tornam claros e indiscutíveis os problemas que a humanidade já tem e continuará enfrentando.

Para tomar ciência desses novos problemas que estão surgindo, basta que as novas gerações, por exemplo, acompanhem minimamente os noticiários — na web ou na tevê (jornal impresso não é produto utilizado pelas novas gerações, com raras exceções, nem pelas mais antigas...).

É justo supor, portanto (e torcer por isso), que os jovens terão consciência dos problemas que afligem a humanidade cada vez mais cedo.

Assim, as alterações climáticas, a desigualdade social que persiste e a crise dos combustíveis são questões mundiais que tomam o centro do palco, e é provável que adolescentes e jovens se envolvam cada vez mais em causas e movimentos voltados para sustentabilidade, justiça social, igualdade de gênero, raça e orientação sexual.

Tomara!!!

Além disso, à medida que a tecnologia continua a se desenvolver, é provável e plausível supor que a relação dos jovens com a internet e as redes sociais se torne mais e mais complexa, e se aproxime da universalização em todos os níveis econômicos. E, embora a aprovação social talvez continue a ser a origem de modas e manias para as novas gerações, é de esperar que, em contrapartida, aos poucos, cresça a demanda por privacidade. Assim, é bem provável que, diante das consequências negativas da exposição excessiva, boa parte dos jovens comece efetivamente a agir de forma a ter maior controle sobre a própria exposição online.

Os excessos da atualidade, em que os jovens revelam até detalhes íntimos de suas vidas e relacionamentos (é só ler ou assistir aos noticiários que trazem diuturnamente casos sobre o tema), talvez conduzam, por si sós, à moderação desse tipo de conduta e exposição na web.

Que fique bem claro, no entanto, que essa probabilidade de equilíbrio na internet, não eximirá pais e professores de orientar, com muita clareza — e especialmente com regras de uso —, os filhos e alunos.

Tais orientações deverão continuar exigindo constante atenção dos responsáveis, até porque, a cada dia, novos casos de violação de intimidade ou de exposição indesejada são despejados nas mídias, causando, como consequências, desde simples embaraços até problemas graves como isolamento social, depressão e mesmo alguns casos de suicídio. Essas consequências, em geral, se interligam especialmente à exposição de fatos e/ou fotos íntimos, liberados inconsequentemente por amigos ou desafetos dos jovens, que não imaginam o poder e o alcance que a web tem.

São, de fato, esses os novos perigos que ameaçam nossos filhos — e que devem fazer com que os pais redobrem a supervisão, os cuidados e a orientação aos novos usuários das redes sociais principalmente, ANTES, BEM ANTES de liberarem o uso a seus filhos.

Não tenham pressa em permitir que suas crianças usem livremente a web, alerto com muita veemência!

Do outro lado da telinha não *reside* "um" interlocutor, mas sim todos os possíveis interlocutores, bem e mal-intencionados, inclusive os que têm problemas emocionais e/ou mentais.

Por isso, proponho a seguinte gradativa:

- Antes de dois (2) anos, zero telinha ligada *à internet*!

- *Entre meia a uma hora (1h)* de permissão para joguinhos pedagogicamente positivos — e não mais que isso nos dias de semana.

- Nos finais de semana *uma hora/dia*, no máximo até os sete (7) anos.

- Providencie também com rapidez, que seu filho brinque em playgrounds, parques ou pracinhas com outras crianças de forma que possa continuar desenvolvendo as importantíssimas habilidades de comunicação e convivência social.

- Traga amiguinhos para sua casa, se tiver onde jogar futebol e outros esportes com movimentação física.

- Se não tiver espaço, providencie preferencialmente que ele brinque com amiguinhos que residam em locais onde possam correr e brincar livremente.

- É fundamental que seu filho não se habitue cedo (reveja o primeiro item dessa relação!) a usar as telinhas — *estudos recentes começam a detectar problemas de desenvolvimento social, motor e outros nos que ficam subjugados às hipnotizadoras atividades ligadas a computadores e web.*

- Sabendo usar com prudência e paulatinamente — de acordo com a idade —, se pode obter as vantagens, sem sofrer as consequências negativas do uso excessivo.

XVII. O mercado de trabalho futuro

De tudo que aqui conversamos, é de fato plausível e bem provável supor que, num futuro próximo, a experiência objetiva leve os jovens a moderarem a atual necessidade de expressão digital, que hoje parece ser inesgotável e essencial. Sim. Acredito que novas mudanças — e fatos — moderarão essa atual prioridade, que hoje parece insubstituível para as novas gerações (e para parte das demais também!).

Outra tendência — que já começa a se delinear em alguns países — é a busca por autonomia profissional e pessoal. Com o aumento da automação, a falta de emprego para todos e a constante mudança no mercado de trabalho, os jovens provavelmente tenderão a buscar seus próprios caminhos profissionais, lançando startups, trabalhando como *freelancers* ou buscando carreiras mais flexíveis e criativas.

O apego a um "emprego fixo" e a galgar postos paulatinamente através dos anos numa mesma empresa, não parece ser característica da Geração Z como foi em outras, anteriores, especialmente a dos Veteranos e dos Baby Boomers — *como também não é a realidade do mercado nesse momento histórico*. Não há trabalho para todos, infelizmente. Então há que se criar soluções para tantos jovens carentes de empregabilidade.

Há quem assegure, inclusive, que os empregos, tais como existem hoje, em breve desaparecerão. De fato, o mercado de trabalho vem sofrendo constantes transformações que interferem diretamente no cotidiano da classe trabalhadora.

A estabilidade, por exemplo, é hoje um objetivo difícil de ser alcançado pelo trabalhador comum, o que faz com que muitos acabem se submetendo a jornadas extenuantes. Já outros, iludidos pelo discurso do empreendedorismo, abandonam seus próprios direitos para tentarem ser *empresários de si mesmos*, o que, em muitos casos, os leva à precarização socioeconômica e à desilusão.

A grande massa de trabalhadores, especialmente os que ocupavam postos na indústria há pouco tempo, correspondem hoje a grupos desorganizados, lutando por um lugar ao sol: são motoboys, trabalhadores de aplicativos, vendedores ambulantes, produtores digitais e outros, muitos a serviço de grandes empresas multinacionais, que não lhes asseguram direitos trabalhistas.

Muitos, para sobreviver, se submetem a qualquer situação. O mercado de aplicativos, por exemplo, se constitui de modo diverso, mas em condições precárias, sendo necessária uma extensa jornada de trabalho para conseguir uma renda minimamente satisfatória. São milhões de pessoas em situação de vulnerabilidade laboral.

A ideia surgida com a Segunda Revolução Industrial, de que o mercado cria oportunidades para todas as pessoas — e melhora as condições de trabalho disponíveis —, caiu por terra. Isso não aconteceu nem em países com pleno emprego.

Segundo Krein (2022),* "países que conseguiram garantir um nível mais elevado de ocupação o fizeram a partir da atuação política,

---

* Krein, José Darin. *Trabalho emprego e renda: as condições de vida de trabalhadoras e trabalhadores em tempos de domínios tecnológicos na produção.* (v. 14, n. 3)

especialmente do Estado e/ou por pressão dos trabalhadores organizados". Ou seja, a organização dos trabalhadores e das trabalhadoras e sua reivindicação por políticas públicas é que historicamente garantiram melhorias nas condições de trabalho, em especial relacionadas com redução das jornadas e ampliação dos postos de trabalho.

No caso do mercado de trabalho brasileiro, mesmo em períodos de crescimento econômico e de avanços em termos de legislação do trabalho, a partir da Consolidação das Leis Trabalhistas (CLT), por exemplo, não foram suficientes para resolver os problemas estruturais do setor. As últimas reformas trabalhistas criaram novas formas de contratação, como o trabalho terceirizado, o intermitente, o temporário, o microempreendedor individual (MEI), a contratação de Pessoa Jurídica (PJ), por plataforma e outras que na prática parecem ter precarizado as condições de trabalho.

A taxa de desocupação, que mede o desemprego no Brasil, estava em 7,8% no trimestre terminado em fevereiro de 2024. São 8,5 milhões de pessoas desempregadas, vivendo em instabilidade permanente. Se considerarmos a taxa de desemprego aberto — das pessoas que aceitam fazer "bicos" — e de desalentados (aqueles que desistiram de buscar trabalho), os números crescem ainda mais.

De acordo com a Pesquisa Nacional por Amostra de Domicílios Contínua, do IBGE, o número de pessoas desalentadas chegou a 3,7 milhões no trimestre que se encerrou em fevereiro. Os custos para quem procura emprego, por um ou dois anos, desestimulam os desempregados a continuarem procurando emprego. Essas mudanças têm agravado especialmente as condições de trabalho das mulheres, sobretudo as mulheres negras, que ocupam os postos menos qualificados, com salário 20 a 30% menor do que homens na mesma função, mesmo tendo maior escolaridade. A taxa de desocupação das mulheres chegou a 54,3% no final de 2023. As mulheres enfrentam essa situação não só por conta das crises do modelo econômico, mas porque ainda recai sobre elas a maior responsabilidade com a casa e os filhos.

Conciliar o trabalho remunerado e os cuidados com a casa e a família implica repensar a divisão das tarefas domésticas e a participação das mulheres como chefes das famílias. O levantamento de Estatísticas de Gênero, feito pelo IBGE, em 2022, apontou que as mulheres dedicam 21,1 horas semanais ao cuidado das pessoas e a afazeres domésticos, quase o dobro de tempo que os homens, 11,7 horas. Ao mesmo tempo, mais de metade dos lares brasileiros são chefiados por mulheres, 49,1%. Combater essas desigualdades é um grande desafio.

Para vencer tais desafios preexistentes — que ora analisamos — e para que nossos filhos encontrem espaço num universo que se apresenta comprometido —, e tenham oportunidade de concretizar seus sonhos e garantir um futuro saudável e produtivo — e não vivam uma calamidade mundial (com desemprego e desocupação em massa) —, será necessária uma nova visão de educação, adotando-se modelos que enfatizem e desenvolvam habilidades de pensamento crítico, resolução de problemas e criatividade, entre outras que se tornarão essenciais face a tais mudanças.

Demandará também, obviamente, características pessoais como tenacidade, determinação e resiliência. Por isso escrevi este livro: para lembrar a vocês, pais queridos, que só o amor não bastará para vencer tantos desafios. É preciso preparar com determinação o caráter de seus filhos. É preciso que eles saibam o que encontrarão em seu caminho e, principalmente: é preciso que estejam muito bem preparados e determinados a enfrentar o que virá.

No ensino, as mudanças que prevemos obrigarão, a nós, professores principalmente, a trabalhar de forma efetivamente mais focada e eficiente em relação ao futuro que parece se delinear, desde a Educação Infantil, passando pelo Ensino Fundamental até o Médio.

Sem resolver a situação aflitiva em que se encontra a aprendizagem da leitura, escrita e interpretação de textos, bem como o domínio das quatro operações básicas (*pelo menos*), o Brasil dificilmente poderá desenvolver as habilidades necessárias a um século XXI com novas propostas mercadológicas e de trabalho. Infelizmente ainda estamos longe, bem longe de sequer nos aproximarmos desse objetivo, o que, obviamente compromete todo o sistema laboral do país.

Ainda que ciente de que esse pressuposto pode variar e até mesmo não ocorrer, dadas as inúmeras variáveis que interferem no processo, ao analisar as tendências do passado e considerar as mudanças em curso, é possível se ter uma ideia bem plausível das necessidades e possibilidades que poderão surgir, caso tais avanços efetivamente se concretizem.

Como pais, educadores e membros da sociedade é fundamental estarmos atentos a cada mudança que surge e suas consequências em termos de currículo e ensino; assim como precisamos, sem folga alguma, trabalhar e oferecer suporte e orientação adequados aos jovens, de forma que desenvolvam, *em primeira instância*, excelência na capacidade de leitura, interpretação e compreensão de textos de forma muito, mas muito alta (o que estamos ainda longe de alcançar!), e, *em segunda instância*, trabalhando para que desenvolvam as habilidades socioemocionais, o pensamento crítico e o senso de responsabilidade.

Somente assim munidos, os jovens estarão preparados para enfrentar os desafios de um mundo em constante transformação como o que hoje vivemos, além de propiciar-lhes capacidade de resiliência e adaptabilidade, também essenciais (não antes, porém, de vencermos — e com alta e excepcional qualidade a primeira instância — que é, e continuará sendo, como afirmei antes, a excelência na capacidade da leitura compreensiva, sempre a base de tudo! É nisso que temos que apostar todas as nossas fichas como profissionais da Educação.

Dentro desse possível quadro, pais e responsáveis devem trabalhar muitíssimo no sentido de garantir que seus filhos completem ao menos o Ensino Médio, para que tenham chances nesse futuro que se avizinha com tantas novas exigências.

E é preciso agir logo, sem perder mais um minuto sequer, porque a situação educacional no Brasil continua muito, mas muito aquém do mínimo necessário:

Pesquisas de agências seríssimas — como o IBGE em estudo nacional recente, por exemplo — trouxeram à luz dados importantíssimos que educadores (sejam pais ou professores) precisam conhecer para alicerçar a ação educadora.

Relembrando o que já apresentamos aqui:

1. Um em cada 5 jovens entre 15 e 29 anos no Brasil não estuda nem trabalha — o que representa 22,3% ou algo em torno de *10,9 milhões de jovens dessa faixa etária.*

2. Já o PNAD/IBGE mostrou que 40,2% (*perto da metade!!!*) dos jovens entre 15 e 29 anos pararam de estudar por necessidade de trabalhar, para ajudar no sustento próprio e da família.

Dados preocupantes e muito, muito tristes!

É urgente, urgentíssimo, mudar esse quadro que, sabemos, depende fundamentalmente da vontade e ações das autoridades governamentais, assim como da capacidade profissional dos docentes e do interesse e dedicação dos alunos.

A continuar a situação que atualmente vivenciamos, condena-se quase metade da população jovem a manter, por toda a vida útil, baixa remuneração, e a pouquíssimo esperar da vida.

Outra pesquisa, essa de 2022, aplicada em 34 países dentre os 38 que são membros da Organização para a Cooperação e o Desenvolvimento Econômico (OCDE), um foro dedicado à promoção de padrões convergentes em temas de áreas econômicas, financeiras, comerciais, sociais e ambientais, revelou em seu relatório *Education at a Glance* que o Brasil ficou em 2º lugar em maior proporção de jovens entre 18 e 24 anos que nem estudam nem trabalham (a já referida Geração nem-nem). Sabemos, e é chocante saber, que, grande parte desse contingente não faz nenhuma das duas coisas *por questões econômicas*.

E sabemos também que o problema só será resolvido, de verdade, quando as autoridades governamentais levarem a sério e decidirem agir, de verdade, para acabar com esse gravíssimo problema.

Parar de estudar antes de completar o Ensino Médio é condenação a um futuro de dificuldades, baixa remuneração, e mesmo de penúria. Infelizmente, entra governo, sai governo e tudo continua na mesma. A *educação efetiva e de qualidade* parece um sonho, um ideal ilusório e distante. É de arranhar o coração...

Ter o segundo maior contingente de jovens — dentre 34 países — que não estudam nem trabalham nos envergonha, envergonha nosso país, e nos faz pensar muito:

- *O que fazem esses meninos?*
- *Como passam seus dias?*
- *Em que pensam?*
- *Com que sonham?*
- *Será que ainda sonham?*
- *Ou já estão precocemente amargos com o desamparo e a falta de perspectivas em que vivem?*

Por mais que tente, não consigo concretizar o quadro de milhões de jovens sem trabalho e sem o que fazer na vida! É simplesmente devastador!

XVII. Preparando o futuro já

Preparar os filhos — mesmo os das camadas mais favorecidas economicamente — para o cenário não amigável que se avizinha, parece-me ser o atual grande desafio de quem educa, seja em casa ou na escola. Fazer com que a sociedade como um todo se conscientize dessa dura e real possibilidade desde cedo é apenas o pequeno passo inicial da odisseia que precisa se iniciar desde a Educação Infantil. Sim, os prognósticos se repetem considerando um futuro sem empregos e com milhões de desempregados, subempregados ou pessoas vivendo de "bicos" e trabalho ocasional.

E esse panorama se repete em todo o mundo, não somente aqui, o *que só faz crescer a importância dos estudos. Os mais competentes e com melhor nível de saberes são os que terão mais chances nesse novo futuro.*

A tarefa dos pais nesse aspecto se inicia desde os preparativos para a entrada na escola. É conveniente e importante explicar à criança o passo que será dado e como funcionará o processo: informar que será uma ida diária dizer quem vai levá-la e buscá-la, e outros dados concretos que ajudam muito, porque nessa fase da vidinha delas, as crianças precisam de informações objetivas sobre os fatos que as afetarão diretamente. Sabendo o que vai ocorrer, a probabilidade de elas aceitarem muito bem cada novo passo do processo é muito alta, próxima a 100%.

Não exagere, no entanto, nos cuidados nessa preparação inicial, para que a criança não suponha que algo muito diferente está para acontecer — o que pode parecer assustador. É importante que ela saiba, mas de forma natural e sem ênfases exageradas. Ressaltar os aspectos positivos desse passo é o que mais ajuda.

Equilíbrio, sempre, lembre-se: é necessário e essencial.

É bom começar explicando o que é uma escola e para que serve. Parece óbvio para nós que detemos esse conhecimento, mas não o é para quem nele se iniciará, uma criancinha de 4-5 anos — e menos, até.

Também é muito interessante incluir a criança nos preparativos das primeiras idas, tais como: separar a roupa (ou uniforme, se houver) que ela irá usar, preparar a lancheira etc. Geralmente, quando os pais estão seguros de sua opção (matricular a criança na escola naquele momento), essa segurança "passa" para a criança, que tende a aceitar com alegria e positividade esse momento.

É bem comum a criança se integrar rapidamente e até tornar desnecessária a permanência do responsável na escola por muitos dias. No entanto, é de praxe as escolas solicitarem que permaneça ainda um tempo a mais, somente para garantir que a criança esteja realmente confortável e tenha completado sua adaptação total.

Uma a duas semanas costuma ser mais do que suficiente para que a adaptação se conclua positivamente e sem problemas. Se seu filho, no entanto, precisar de mais, tudo bem. Cada criança é uma...

Vencida essa etapa, tudo costuma caminhar tranquilamente até a conclusão do Ensino Fundamental I, quando ocorre a mudança do Currículo por Atividades para o Currículo por Área de Estudos (equivalente à primeira série do antigo ginásio). Quando digo "caminhar bem" não significa que seu filho tenha que obrigatoriamente tirar nota dez em todas as atividades e disciplinas... Significa que ele compreendeu e incorporou os estudos à sua vida. Grande vitória e excelente passo!

Em geral, ao alcançar o Fundamental II, a criança pode estranhar um pouco até se adaptar à grande novidade que é ter um professor para cada disciplina, ao contrário do Ensino Fundamental I, em que o professor é um apenas. Algumas escolas, pensando em evitar essa diferença marcante entre um segmento e outro, costumam ter dois professores desde o quinto ano ou até antes, para que essa mudança transcorra mais tranquilamente. De qualquer maneira, não costuma ser um problema para a maioria dos alunos, que tendem a aceitar muito bem essas mudanças.

O que é importantíssimo ressaltar é que, num futuro próximo, como já dissemos, as características dos empregos terão mudado muitíssimo. Os que temos hoje, com carga horária definida, folga semanal, férias anuais, 13º salário etc. em grande parte deverá ter seguido a tendência mundial que já se observa: trabalharão com contratações por tarefas, datas de início e de término definidos.

Torna-se, pois, essencial fazer ver a quem em breve ingressará no mercado de trabalho que características como *adaptabilidade, criatividade e capacidade de aceitar e abraçar positivamente inovações e mudanças* serão qualificações tão exigíveis e valorizáveis quanto a competência de conteúdo e o saber profissional propriamente dito. E para se alcançar sucesso na formação dos jovens nesse novo enfoque, faz-se necessário começar cedo.

E aí, nos defrontamos com a questão: o que acontecerá se os empregos realmente caminharem no sentido das mudanças que descrevi?

Quem terá mais chances nessa nova realidade que parece se avizinhar?

Mais do que nunca, caberá a pais e professores trabalharem contando com essa possibilidade (as novas formas de trabalho) e conscientizar as novas gerações sobre a necessidade de se prepararem, e sem perda de tempo, para um mercado profissional totalmente diverso do que conhecemos.

Evitar que sejam pegos despreparados em relação à nova realidade de trabalho que parece estar vindo é a mais nova tarefa de pais e professores...

Há que se batalhar muito no sentido de formação (domínio de conteúdo profissional) e de informação (conhecimento da realidade do mercado). Escola e família, mais do que nunca, precisam estar unidas em torno desse objetivo para o bem do futuro das novas gerações.

A se confirmar o panorama que descrevi, torna-se inadmissível aceitar que um jovem que tem condições sociais e financeiras para seguir nos estudos decida abandoná-los sem ter completado ao menos o Ensino Médio. Sem tal pré-requisito, será quase impossível ter alguma chance num futuro próximo...

> *Como, porém, consigo fazer isso? Como impedir que meu filho abandone os estudos? Vocês, com certeza, devem estar se perguntando... E é o que tentarei responder falando sobre algumas atitudes que podem fazer muita diferença no futuro que se avizinha.*

Atitude 1 - Preparar crianças e jovens para compreenderem a escola como instrumento básico indispensável à independência pessoal e financeira.

É trabalho a ser desenvolvido prioritariamente pela família desde cedo e, num segundo momento, em comunhão com a própria escola, buscando assegurar a continuidade dos estudos das novas gerações, até finalizar *com qualidade* ao menos o Ensino Médio.

Atitude 2 - Não aceitar barganha alguma — desde cedo, por parte das crianças no sentido de deixar de ir à escola, ainda que por um dia ou dois. Também essa é tarefa essencial de pais e responsáveis.

Ai, ai tadinhos de nós... — você deve estar gemendo!

Tadinhos, nada! Somos batalhadores incansáveis quando se trata do futuro dos nossos filhos.

Ou não? Sei que somos! E atualmente é fundamental que sejamos — e que não hesitemos em insistir e exigir mais, sempre que necessário. Seja num dia de chuva, ou num muito frio, ou outro em que a criança dormiu tarde (é tarefa dos pais batalhar para que — de preferência isso não ocorra...). Quando surgir aquele pedido, sempre com voz doce e olhar de sofredor suplicante: *"Ah, mãezinha, só hoje, juro, deixa eu ficar em casa e dormir até mais tarde?"* ou *"Deixa, mãe, deixa... não vou mesmo conseguir prestar atenção em nada!"* Não ceda (ainda que seu coração se derreta...). É preciso que eles entendam, e desde cedo, que frequentar a escola é obrigação inegociável.

Claro que em casos de doenças isso não se aplica — nem precisaria dizer. Refiro-me a momentos em que a criança ou o jovem tenta amolecer o coração dos pais (o que não é tão difícil, diga-se de passagem...) simplesmente porque não estão com vontade de ir à aula.

Os estudos devem ser vistos como categoria à parte, única e fundamental, o que facilita muito a vida dos pais, na medida em que, sabendo que é inegociável, passam a ter outra visão sobre a escola e tendem a não mais obstaculizar, já que sabem que nada conseguirão — *o que é ótimo para nós, e para eles será essencial no futuro...*

Atitude 3 - Estabelecer, em conjunto, horário de estudo e cumprimento de tarefas escolares. Se, desde que começam a trazer tarefas escolares para casa, você organizar o tempo, tudo correrá de forma tranquila e bem menos conflituada. Além de a criança entender que você coloca o estudo acima de todas as demais atividades, ela também aprenderá que há uma ordem estabelecida, que deve ser seguida, o que facilita a vida no presente e no futuro...

Você pode combinar esse horário, em conjunto com a criança, e assim se estabelecerá qual é "a hora do dever". É uma forma interessante e positiva de mostrar que há respeito pelas preferências da criança, desde que, claro que se ela insiste em fazer os deveres à noite, antes de ir dormir, você obviamente não aceitará porque não é apropriado: ela estará cansada, irritável, com sono e pressa de ir para a cama.

Uma forma sensata é apresentar-lhe duas ou três opções (viáveis, claro) — e deixar que ela decida qual a de sua preferência. Assim, satisfaz-se a criança e atende-se às necessidades de estudo.

Definido o horário, zele para que seja cumprido. Abra exceções somente quando realmente necessário (casos como a festinha de aniversário de algum familiar ou amiguinho no horário que seria das tarefas, situação em que, claro, se pode flexibilizar, mas frisando sempre o que é: uma exceção).

Atitude 4 - Reconheça e incorpore seu estilo pessoal de liderança em relação a seus filhos; isso tornará mais natural e convincente sua liderança; não se esqueça, porém, que, em várias e várias situações do dia a dia você poderá ter que mesclar seu estilo com outro — como já foi dito aqui — que propicie resultados mais imediatos (dependendo do tipo de problema ou situação que surja). Aliás, tenha em mente que o que mais ocorre na relação de pais e filhos são situações não programadas, em que se faz necessário tomar decisões rapidamente — e sem que se possa dar ao luxo de conversas, para discutir essa ou aquela estratégia. São momentos nos quais você não conseguirá ouvir cada um de seus filhos — porque demanda tempo — o que nem sempre teremos. Por isso, às vezes é necessário que os pais decidam sem que isso caracterize uma atitude autocrática, apenas uma atitude de liderança.

Exemplo para clarificar:

Seu filho terá prova de História amanhã, e seu rendimento foi insuficiente durante o ano. Está, portanto, com notas suficientes para ser aprovado apenas por um fio. Você sabe que se ele não se sair bem nesta avaliação, com certeza ficará em recuperação. Vocês combinaram que o horário de estudo começaria às 15h, já que chega da escola às 13h, almoça e dá uma descansada depois... Além disso, ele costuma assistir a dois desenhos na tevê que começam às 14h e ele adora, mas precisa estudar mais para essa prova, ou não conseguirá evitar a recuperação. Então você sugere que, nesse dia, ele comece a estudar mais cedo, para ter possibilidade de evitar a recuperação. O que demanda deixar — por hoje — de lado os desenhos na tevê. Ele imediatamente discorda da sugestão e apela para "o que está combinado".

O que fazer?

Se você lidera democraticamente, tenderá a deixá-lo fazer como quer, não sem antes aconselhar que deixe a tevê de lado e inicie os estudos logo após o almoço, para ganhar duas horas a mais de estudo. Se é um líder autocrático, imporá, sem aceitar discussões, que comece a estudar mais cedo, já que o resultado está abaixo do desejado e esperado... E, se é liberal, deixará a cargo dele resolver a que horas começará a estudar.

E agora? Difícil, não? Sim, muito!

Talvez antes de permitir que veja *hoje também* os desenhos (e digo talvez, porque não há apenas um caminho que leva a Roma) —, você deva conversar e mostrar o quanto ele perderá se ficar em recuperação: verá os desenhos hoje, mas terá um mês de aulas a mais, quando todos os amiguinhos estarão de férias. Pode incluir também nesse papo o que a família projeta fazer no verão. Isso permitirá que seu filho compreenda melhor a situação.

Crianças e jovens, como já disse, são *imediatistas*. Significa que entendem perfeitamente o que você lhes diz, mas não conseguem ainda pensar com total clareza a médio e longo prazos: então a recuperação em janeiro, quando ainda se está em novembro, é algo que parece muito distante para concordar em perder o prazer imediato (ver os desenhos).

É hora, portanto, de encerrar o diálogo e fechar questão, exercendo sua autoridade (nada a ver com autoritarismo!)

Sabemos que nada é matematicamente perfeito em se tratando de relacionamento e de seres humanos. A tendência, porém, é de que, quando se trata os assuntos de forma direta, clara e compreensível, tudo se resolva bem e sem maiores conflitos.

> *O que não se pode esquecer, porém, mesmo agindo democraticamente, é quem é a autoridade na relação. E autoridades são pai, mãe ou quem cria.*

Seja qual for a sua forma de conduzir o processo, mais ou menos liberal, mais ou menos autoritária, total ou parcialmente democrática, o que importa deixar claro é que as ações que você pratica, no sentido de bem encaminhar seus filhos nos estudos, e propiciar-lhes alguma chance em relação ao futuro, é essencial e insubstituível.

Claro é que, se o processo pode correr de forma suave, tanto melhor. O que não se pode é deixar a meninada gerir seu destino enquanto ainda não tem condições para tomar decisões que visivelmente as prejudicará futuramente, condenando-as assim a um futuro de insucesso e fracasso.

Em tempo, pais que deixam isso acontecer também se condenam: terão filhos cinquentões e sessentões perenemente dependentes deles...

XIX. O futuro que podemos ter

Como vimos, se você exige reciprocidade e contrapartida, é muito provável que seus filhos reclamem de você para a vovó, para a tia preferida ou para a *dinda*, dizendo que você é isso e mais aquilo (tudo de ruim... anos depois, no entanto, irão repetir o seu modelo, pode crer). E elas os acarinharão e consolarão. Ótimo! Porque você continuará seu trabalho incansável e bem orientado.

Se puder faça-o com carinho — mas não confunda ser carinhoso com ser permissivo ou sem consciência!

Pais repetem, repetem e repetem *ad infinitum* as mesmas orientações, as mesmas "bronquinhas" — às vezes até uma bronca para valer mesmo, grande, enorme —, e é esse um dos mais desconfortáveis papéis que temos que desempenhar. Mas, sim, é nossa obrigação e é também o que pode ajudar a garantir o futuro positivo de nossos filhos. E assim deve ser, ao menos até que amadureçam...

E, creia-me, agora, nesse dia e hora, pode lhe parecer que o amadurecimento jamais acontecerá, mas sim, vai ocorrer. Dentro de alguns anos — se você tiver clareza e segurança do seu papel.

O que importa é fazer ver às novas gerações o que o futuro lhes reserva e prepará-las para esse panorama que se avizinha.

Seja qual for a sua forma de liderar, o que realmente deve ser o foco dos pais é ir verificando (e sempre!) que tipo de resultados vocês estão alcançando.

Seu filho pode ser o melhor aluno da classe, mas também pode ser um aluno mediano. Não tem problema algum, desde que, veja bem: desde que você — que o acompanha e supervisiona — saiba que ele se esforça sempre e está realmente dando o seu melhor.

Esse é o elemento mais importante: saber que ele tem — e está a cada dia desenvolvendo mais a responsabilidade que lhe cabe e, portanto, cumpre os horários dos estudos em casa e dá o melhor de si. Sem procrastinar!

Ser ou não o melhor da sua classe não é essencial. Ser aprovado, sim, é muito bom — e é o suficiente. Essencial é ele estar dando o melhor de si e agindo de forma a propiciar para si um futuro viável, sejam quais forem as mudanças sociais que aconteçam até lá!

Por outro lado, se você percebe que seu filho remancha e tenta sempre burlar as regras estabelecidas e, por essa razão, tem rendimento medíocre ou abaixo da média, aí sim é necessário intervir de forma a ajudá-lo a superar as dificuldades, assumindo seu papel de autoridade da relação. Com afeto, mas também com muita clareza e segurança.

Cabe ainda lembrar que, se a criança deixa sempre para mais tarde seus deveres, mas tem ótimos resultados na escola, então é sinal de que ela em aula se concentra e aprende rapidamente — e você é um pai muito sortudo. Apenas deixe-a fazer as coisas no próprio ritmo, já que tudo está caminhando bem.

Em resumo, pais têm trabalho de sobra, por muitos e muitos anos, sem descanso... Precisam muitíssimo, além do trabalhão, ter paciência quase infinita para alcançar as boas metas desejadas.

Que metas são essas, mesmo?

São metas que significam, que depois de alguns anos de muito trabalho e dedicação, vão acordar um belo dia e descobrir maravilhados que seu filho tem uma profissão; ou continua estudando; ou já está trabalhando, e sabe o que quer; tem planos a médio e longo prazos; está ficando cada vez mais independente, produtivo e é capaz de assumir responsabilidades.

Enfim, está se mostrando preparado para toda e qualquer mudança que venha a surgir no futuro!

Podemos querer mais da vida?!?

Este livro foi composto na tipografia Syndor ITC Std,
em corpo 12/17, e impresso em
papel off-white no Sistema Cameron da
Divisão Gráfica da Distribuidora Record.